아이는 부모와 함께 성장한다

KODOMO GA SODATSU JYOKEN
by Keiko Kashiwagi
ⓒ2008 by Keiko Kashiwagi
First published 2008 by Iwanami Shoten, Publishers, Tokyo.
This Korean edition was published 2019
by Somensum Publishing Co.,Ltd., Koyang
by arrangement with the proprietor c/o Iwanami Shoten, Publishers, Tokyo
이 책은 (주)한국저작권센터(KCC)를 통한 저작권자와의 독점계약으로 섬앤섬에서 출간하였습니다. 저작권법
에 따라 한국 내에서 보호를 받는 저작물이므로 무단전재와 복제를 금합니다.

가족심리학으로 찾아보는
자녀교육의 열쇠

카시와기 게이코 지음
한진여 옮김

자녀를 기르면서 부모의 마음과 능력도 함께 단련되고 발달해야 한다

아이는 부모와 함께 성장한다

섬앤섬
SUMNSUM PUBLISHING COMPANY

아이도 어른도 함께 성장하기 위하여

이 책의 일본어 제목은 '子どもが育つ条件(자녀가 자라는 조건)'입니다. '子どもを育てる(자녀를 키우는)'이 아니라 '子どもが育つ(자녀가 자라는)'인 것입니다. 부모는 자녀를 어떻게 키울지 이런저런 고민을 합니다. 그러나 부모의 이런 고민 속에는 자칫 자녀에게 스스로 성장할 수 있는 힘이 있다는 인식을 놓치게 할 위험도 있습니다.

자녀에게 스스로 성장할 수 있는 힘이 있다는 것을 모르는 부모는 자녀가 '잘되었으면' 하는 생각에 미리미리 이런 저런 것을 하도록 자녀를 다그칩니다. 예를 들면, 어릴 때부터 영어를 배우면 좋지 않을까, 피아노를 배우면 좋지 않을까, 자녀의 장래를 위해 더 배우도록 해야 할 것이 있지 않을까…. 자녀 스스로 의욕을 갖고 찾아 나서기 전에 '이렇게 하면 아이가 잘될 거야'라고 부모가 생각하는 것을 해주면서 밀어붙입니다. 그러나 그 결과는 의도와 달리 자녀 스스로 키워가야 할 힘을 잃어버리게 하는 경우가 많습니다.

부모 역시 자녀와 마찬가지로 스스로 성장하는 힘과 속성을 지닌 존재입니다. 이렇게 말하면 '성장'과 '발달'이라는 것은 자녀에게 나타나는 특징이 아니냐며 놀라는 분도 있겠지만, 그렇지 않습니다. 어른이 되어도 정신적 성장과 발달은 계속됩니다. 어른이 되어도 여러 가지를 배워 자신의 능력을 키워갈 수 있으며, 사회생활과 인간관계 속에서 많은 것을 새롭게 배우며 스스로 성장해가는 것이 가능합니다.

따라서 '자녀를 어떻게 키울까'에 대해 지나치게 관여하는 부모는 오히려 자녀의 성장과 발달을 저해할 뿐만 아니라 스스로의 성장과 발달도 저해하고 맙니다. 즉 자녀가 스스로의 힘으로 성장해나가기 위해서는 부모도 성장해야 합니다. 자녀와 부모는 함께 성장합니다. 이 점은 부모자식 관계, 가족관계를 만들어가는 데 아주 중요한 것입니다.

이러한 관점은 제가 오랜 시간 연구해온 발달심리학과 가족심리학과도 연결됩니다. 당연한 말이지만 자녀와 부모 모두 한 사람의 인간입니다. 부모자식관계, 부부관계, 가족관계는 모두 한 사람한 사람의 인간이 만들어가는 것입니다. 때로는 갈등을 겪기도 하고, 슬픔과 기쁨을 경험하면서 성장과 발달을 이루어가는 인간의 기본 심리를 제대로 이해하지 않고 '모름지기 자녀는 이렇게 길러야 한다'거나 '가족은 이러해야 한다'며 무언가를 몰아붙이면 인간성만 크게 훼손되고 맙니다.

이 책에서는 주로 일본에서 일어나고 있는 자녀와 가족을 둘러싼 다양한 문제를 다루고 분석합니다. 일본에서는 '육아불안'이라는 말을 자주 듣습니다. 아이를 키우는 부모가 정서적으로 불안정해져 자녀를 때리려 손을 올리고 맙니다. 더 나아가 심각한 아동학대로 이어져 어린 생명을 빼앗고 마는 끔찍한 사건도 끊이지 않습니다.

그런가하면 자녀가 자신의 방에 틀어박혀 외부와 접촉은 물론 같이 사는 부모와도 커뮤니케이션이 안 되는 '히키코모리' 사례도 많습니다. 사춘기 때 '히키코모리'가 된 자녀가 성인이 되고 중년이 되어서도 계속 히키코모리인 경우도 부지기수입니다. 2019년 내각부의 조사결과에 따르면 일본에는 현재 40~64세의 '히키코모리'가 약 61만 명이 있습니다.

이 책은 자녀를 둘러싼 이러한 문제를 어른의 문제, 가족의 존재방식의 문제에서 분석합니다.

일본에는 예전부터 내려온 '가부장제'적 모습이 아직도 가정에 남아 있습니다. 남편은 밖에서 일을 해 가족을 부양하고, 부인은 집에서 가사와 육아를 하는 역할의 고정이 아직도 뿌리 깊게 남아 있습니다. 현재는 남편과 부인 모두 직업을 가지고 일하는 부부가 일반적이지만, 이 경우에도 밖에서 일을 하는 여성이 가사와 육아를 도맡아 하는 경우가 많습니다. 그 결과 여성은 가사와 육아를 하기 위해 스스로의 성장과 발달을 이룰 기회를 희생하기 때문에 '육아불안'에 시달리기 쉽습니다.

앞에서 말했듯이 자녀가 잘되기를 바라는 마음에 부모가 생각하는 것을 미리 자녀에게 정해주며 밀어붙이면 자녀 스스로 타인이나 사회를 접하면서 얻어나갈 수 있는 커뮤니케이션 능력의 습득 기회를 방해해버리고 맙니다.

이 책에서는 일본의 자녀를 둘러싼 문제를 다루지만 여기까지 읽은 한국의 독자들에게도 떠오르는 것이 많으리라 생각합니다. 한국은 대학진학률도 높고, 수험경쟁이 치열한 나라로 알고 있습니다. 자식이 잘되길 바라는 마음에서 부모가 여러 학원에 보내는 등 자녀가 어릴 때부터 과도하게 몰아붙이는 것은 아닌지. 자녀와 부모, 양쪽의 성장과 발달이 저해되는 상황이 벌어지고 있는 것은 아닌지….

자녀양육으로 고민하고 있는 분들 혹은 자녀와 가족문제에 관심이 큰 한국의 독자들에게 이 책이 문제를 해결할 수 있는 힌트를 줄 수 있기를 기대합니다.

2019년 8월

카와사기 게이코

책을 펴내며

지금 일본 사회는 아이의 '양육'을 둘러싸고 예상치 못한 다양한 일들이 속출해 화제가 되고 있다. 특히 이번의 하나인 '무단결석不登校*'과 '히키코모리'가 주목을 받았다. 하지만 무단결석과 히키코모리 같은 극단적인 상태에까지는 이르지 않았다 하더라도 다른 나라 아이들과 비교한 자료에서 나타나듯이 의욕 저하, 자존감 부재, 타인과의 커뮤니케이션 능력 부족 등의 현상을 일본 아이들에게서 쉬엿볼 수 있다. 이러한 것들은 최근 사회 문제가 된 '학력 저하' 문제이상으로, 훗날 아이들이 성장하여 사회생활을 해나갈 때 심각한 장애가 될 것으로 보인다.

최근에는 부모를 비롯해 가까운 가족에 대한 폭력뿐만 아니라 살인에까지 이르는 사건이 연일 뉴스에서 보도되고 있다. 가족 간에 벌어지는 이런 끔찍한 사건이 지금처럼 빈번히 일어나는 것은 예전의 부모자식 관계, 가족 관계 속에서는 좀처럼 이해하기 힘든 일이다.

---

* 일본에서 부등교(不登校)는 학업부진이나 학교폭력, 왕따 또는 부모와의 갈등, 가정불화 등 여러 이유로 학생이 학교 자체를 거부하는 현상을 일컫는 말이다. 이 책에서는 상황에 따라 무단결석과 등교거부 등으로 옮겼다

그렇다면 아이를 기르는 부모들은 어떠한가. 부모들 역시 아이에 대한 학대, 육아 방기 혹은 갓 태어난 아기를 유기하는 등 수많은 문제가 보고되고 있다. 또한 육아 불안을 호소하는 목소리도 점점 더 커지고 있다.

오늘날 일본에서는 결혼을 하지 않거나 늦게 결혼하는 사람들이 많아졌으며, 결혼한 후에도 아이를 갖지 않는 부부가 드물지 않다. 또한 중년 이후 부부의 이혼 증가율도 크다. 이러한 현상은 23~27세의 '적령기'에 대부분이 결혼을 하던 '개혼사회^{皆婚社會}' 일본의 커다란 변화라고 할 수 있다.

이를 두고 '일본의 가족은 위기에 처해 있다', '일본의 가족은 붕괴될 것이다'라는 주장도 나온다. 그러한 목소리가 높아지는 것을 배경으로 '가족의 재발견'을 강조하기도 한다. 아이가 '이상하게' 된 것은 부모의 가정교육 탓이다, 요즘 부모들은 자기 좋은 것만을 하면서 육아를 방기하고 있다, 부모는 모름지기 자신의 일보다 자식(과 가족)에 더 헌신적이어야 한다 등등…. 비혼과 저출산 현상의 진행에 대해서도 '오늘날 여성들은 자신이 좋아하는 것만 하고 아이 낳는 의무는 방기하고 있다.'는 등 극단적인 의견이 나오기도 한다.

인간은 누구나 어린아이였던 시절이 있으며 가족생활을 경험한다. 또 자식을 낳지 않기로 결정했다 하더라도, 다음 세대의 아이 양육에 대한 문제는 한 사회의 장래에 관계되는 일이기 때문에 중요한 일이다. 이러한 사실 때문에 자신의 경험을 근거로 '가족은 이러해야 한다'거나 '아이에 대한 가정교육은 이러해야 한다'면서 가족론, 가정교육론 등을 전개하는 사람들이 많다. 실제 현재 일본 사회에서는 이러한 주장(論)이, 일반 생활공간뿐만 아니라 국가 행정이 이루어지는 곳에서도 다양하게 전개되고 있다. 어떠한 주장이든 중요한 시사점이 포함되어 있을 수 있다. 하지만 각자의 체험에 근거한 주장만으로는 현재의 가족과 자녀 양육의 근본 문제를 해결할 수 없다. 어떤 경우에는 그러한 섣부른 주장의 확산이 오히려 부모와 아이들을 사회로부터 더욱 고립시키는 결과를 초래할 수도 있다.

이러한 문제의식에서 출발한 이 책은 발달심리학과 가족심리학의 연구 성과를 근거로, 자녀의 양육과 이를 둘러싼 부모와 가족의 모습에 대해 살펴보고자 한다.

남녀가 결혼하여 가족을 이루고 자녀를 낳아 기르는 일은 인류가 성립된 이래 끊임없이 계속되어온 일이다. 그러나 어떻게 가족이 성립했는지, 결혼의 형태와 기능, 부모에게 자녀의 의미, 부모와 자식 간 관계의 모습 등은 동서고금이 모두 같은 것이 아니라 시대에 따라 다르고, 지역과 사회·문화에 따라 다르다. 사회가 변화하는 것과 함께 그런 것들도 변화(진화, 발달)해 왔던 것이다. 다시 말하면, 가족의 모습이 진화하고 변화하는 것은 필연적인 것이며, 아이의 양육과 육아의 양태에 대해서도 마찬가지이다.

이 책에서는 가족심리학의 연구에 기초하여 가족의 심리(부부와 부모자식관계 등의 심리)가 어떻게 변화되어 왔는지, 어떻게 변화해 갈 것인지를 고찰할 것이다. 또한 발달심리학의 지식을 토대로 아이의 양육, 육아의 모습에 대해서도 살펴볼 것이다.

'아이의 양육'과 '육아'라고 하면, 부모가 자녀에게 무엇을 해야 하는가에만 관심을 두는 경우가 많다. 특히 현재 일본 사회에서는 '아이를 어떻게 기를 것인가', '어떻게 하면 잘 기를 수 있을까'라는 관심으로 인해 아이의 '양육방법'에 특히 편중되는 경향도 있다. 그러나 이러한 '양육방법'에 대한 부모의 지나친 관심에는 '아이는 스스로 자란다'고 하는 중요한 인식이 결여된 경우가 종종 있으며, 그 결과 아이의 자율적인 성장력을 빼앗아버리기도 한다.

또 하나 중요한 것은, 자녀를 양육하면서 부모 자신도 성장하고 발달한다는 중요한 사실을 우리들 대부분이 인식하지 못한다는 점이다. 모든 인간은 태어나서 죽음에 이를 때까지 계속 성장하고 발달한다는 사실을 인식할 필요가 있다. 그러한 인식에 기반해서 가족관계(부모 자식과 부부관계 등), 가족과 사회의 존재방식 등을 깊이 있게 연구해야 한다. 최근 매스컴에 자주 등장하는 '일과 삶의 균형(워라밸)' 확립도 이러한 인식 없이는 불가능하다.

필자는 오랜 기간 가족심리학과 발달심리학을 연구했다. 가족을 둘러싼 현재의 문제와 그것에 대한 다양한 언설言說을 보고 듣는 와중에, 이러한 심리학의 관점과 견해를 일반 사람들에게 널리 알리고 싶다고 생각했다. 현재 우리가 맞닥뜨린 가족과 부모 자식간의 문제 해결에 내 작은 노력이 도움이 될 수 있기를 간절히 바란다.

차 례

제1장

육아불안의 심리

1. 육아불안 심리와 '엄마의 손으로'라는 규범의 그늘

현대의 육아불안 심리

최근 두드러지게 나타나는 육아문제가 바로 '육아불안' 현상이다. 육아불안이란, 육아를 담당하는 엄마가 초조와 불안을 느끼는 심리 상태를 가리키는 말이다. 그렇지만 이 말은 육아와 관계없는 사람들도 잘 알고 있다. 육아불안이라는 현상이 일부 특수한 엄마에게만 한정된 것이 아니라, 정도의 차이는 있어도 많은 엄마들에게서 광범위하게 나타나는 현상인 까닭이다. 그러다보니 육아불안이 심해져 육아 방기와 학대에까지 이르는 사례도 적지 않다.

그런데 이러한 육아불안은 최근 특징적으로 나타나는 현상이다. 다른 나라에서도 육아는 엄마 중심으로 이루어지지만, 일본만큼 육아불안으로 고민하는 엄마들은 그리 많지 않다. 육아불안에 대한 대책 등도 일본만큼 문제가 되지는 않는다. 이 차이는 도대체 어디에 있는 것인가.

일본에서 두드러지게 나타나는 이러한 육아불안 현상은 예전부터 있었던 것이 아니라 비교적 최근의 일로, 육아불안이라는 단어 역시 최근 20여 년 사이에 들어 많이 사용한 새로운 말이다. 예전에는 여성이 결혼해서 엄마가 되고, 엄마가 되면 사랑으로 아이를 키우는 것이 당연한 일이었다. 아이를 낳고 키우면서 여성은 기쁨과 생의 보람을 느꼈으며, 불안과 불만을 느끼는 것은 생각조차 못할 일이었다. 이전 세대의 엄마들은 모두 '육아는 보람이었다', '육아로 나 역시 성장했다'며 육아는 자신의 인생에서 그 무엇보다도 플러스의 의미를 지닌 것이었다고 이야기한다. 육아가 불안과 불만의 원천이라는 것은 생각조차 해보지 않았던 일이다. 하지만 오늘날의 엄마들에게서는 육아불안이나 그와 비슷한 감정을 쉽게 찾아볼 수 있다.

육아에 대한 옛날 엄마들의 모습이 어떠했는지를 아는 사람들이 최근 엄마들의 이러한 태도에 대하여 여성이 이기적으로 변했고, 육아를 업신여긴다고 개탄하며 비난하는 것도 일견 무리는 아니다. 또 아이의 건강한 성장을 위한 육아라는 큰 역할을 담당하고 있는 사람이 불만과 불안을 지니고 있다는 사실에 놀라 질타하거나 격려하고 싶은 것도 당연한 일일지 모른다. 그렇다면 육아불안이란 도대체 무엇이며 어떠한 요인이 작동하고 있는 것일까.

소박하게 생각하면 육아불안은 정서불안이라든가 자제심이 없다는 등 여성의 성격이나 도의적인 문제라고 생각할지도 모른다. 여성이 자기중심적으로 변했다는 비판도 있는 것처럼, 해당 여성의 마음가짐과 성격의 문제라는 견해이다. 그러나 육아불안에 대한 연구가 진행되어감에 따라 개인의 성격 분석만으로는 육아불안의 원인이 결코 설명되지 않는다는 것을 알게 되었다.

'육아맘'의 불안과 초조

육아불안을 강하게 느끼게끔 하는 첫째 요인은 엄마의 직업 유무에 있다. 얼마 전까지도 일하는 엄마는 가족과 아이에게 좋지 않은 영향을 주는 것은 아닐까라는 의구심이 많았다. 일하는 엄마의 아이에게 무언가 문제가 생기면 엄마가 일을 하고 있기 때문에 자녀교육에 소홀하게 된 것이라고 비난받는 경우가 많았다. 특히 1~3세 영유아를 둔 엄마가 일하는 것에 대해서는 아직도 비판의 시각이 크다.

이러한 우려 때문에 엄마가 직업을 갖는 것이 자녀교육에 나쁜 영향을 끼치고 결과적으로 아이의 발달에 문제가 생기는지에 대한 인과관계를 확인하는 연구가 활발하게 진행됐다. 그 결과 엄마가 직업을 갖는 것이 아이에게 나쁜 영향을 끼칠 것이라는 견해는 근거 없는 편견과 오해라는 사실이 밝혀졌다. 엄마의 직업 유무는 아이의 발달에 직접 영향을 주지 않으며, 오히려 직업을 가진 엄마의 아이가 자립성 발달에서 더 우수한 경우가 많았다.

뿐만 아니라 육아불안에 대한 연구 결과가 명확하게 보여주는 것은 전업으로 양육을 맡고 있는 엄마의 육아불안이 더욱 크다는 점이다. 역으로 직업을 가진 엄마, 그 중에서도 풀타임으로 일을 하는 엄마의 육아불안이 더 낮았다.(표 1-1)

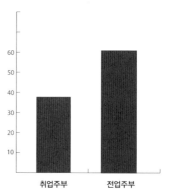

표1-1 직업이 있는 엄마와 직업이 없는 엄마의 육아 스트레스(육아 스트레스를 느끼는 사람의 비율의 비교)
출처 : 요코하마시 교육위원화시간제 보육추진 위원회 《문부과학성 시간제 보육조사연구 최종보고서》 2001년

직업이 없는 엄마들의 육아불안이 더 강한 것은 왜일까. 이것은 무엇을 의미하는 것일까. 그것을 생각해보려면 아이를 둔 엄마가 왜 무직이 되었는지에 대한 문제를 살펴볼 필요가 있다.

일본의 여성 노동은 다른 선진국과는 확연하게 다른 점이 있다. 서구에서는 여성이 학교를 졸업한 후 취직하여 중장년이 되어 퇴직하기까지 직업을 계속 유지하는 것이 일반적이다. 물론 남성도 마찬가지이다. 하지만 일본의 여성은 다르다. 학교 졸업 후 취직하지만, 30세 전후에 많은 여성이 퇴직하여 취업률은 저하되고 그후 일부는 복직하지만, 복직하지 않고 직업을 갖지 않는 사람이 적지 않다. 그 때문에 여성의 노동력은 M자형의 모습을 보인다.(표1-2) 30세 전후에 대량으로 퇴직하는 것은 바로 출산과 육아 때문이다. 이것은 다른 나라에서 여성이 출산 전후에도 퇴직하지 않고 일을 계속 해나가는 것과는 커다란 차이이다.

왜 일본에서는 여성이 출산·육아로 퇴직하는 것일까. '3세까지는 엄마 손으로'라는 말이 있는데, 이 말로 상징되는 사고방식과 여기에 기초한 사회 관습과 제도가 일본 여성의 M자형 노동 현상의 뿌리이다.

나는 이 M자형이 두드러지게 나타나는 사이타마 현埼玉縣의 위촉을 받아 '(일을) 왜 그만두는가, 그만두면 어떻게 되는가'에 대해 연구조사를 한 적이 있다.(〈육아기 여성의 취업 중단에 관한 연구〉 2002년. 사이타마 현 남녀공동참여추진센터-공동연구보고서). 이 연구 결과가 명확하게 보여주는 것 가운데 하나가 '엄마 손으로'라는 의식이 여성 자신 이상으로 주변 사람들, 특히 남편과 시부모에게서 강하다는 사실이다. 여성 자신은 출산 후에도 일을 계속하고 싶어 하지만, '육아는 누가 뭐래도 엄마의 역할', '부양자로서 열심히 일할 터

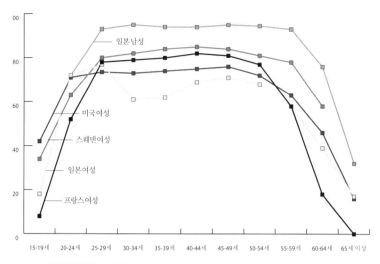

표1-2 연령별 취업률의 국제 비교
주) 미국과 스웨덴의 〈15〜19세〉 부분은 〈16〜19세〉이다. (출처) 총무성 〈세계 통계 2007〉

이니 그만큼 부인은 육아를'이라는 남편의 설득으로 퇴직하는 사례
가 적지 않았다. 그에 더해 재차 타격을 주듯이 시부모도 남편과 같
은 의견을 가진 사례가 많았고, 이런 경우 육아불안이 크게 나타난
다는 것도 알 수 있었다.

　이처럼 '육아는 엄마의 손으로'라는 규범이 사회에 넓게 퍼져 여
성 노동을 M자형으로 만들고 있는 것이다. '엄마의 손으로'라는 의식
이 지금도 강하게 뿌리내리고 있는 배경으로는, 1979년 등장한 '가정
기반충실에 관한 대책요강家庭基盤充實に關する對策要綱'도 지적하지 않을 수 없
다. 이 대책요강은 '충분한 돌봄을 받지 못하는 아이'를 '엄마의 양육
부족'으로 파악하여, 가정에서 아이의 보육을 전적으로 주부의 역할
로 간주하고 있다. 이는 같은 해 국제연합(UN)이 제정한 '모든 남녀차
별을 철폐하는 법안'의 정신과는 완전히 대립하는 성별분업 시책이다.

이러한 정부의 방침과 남성 노동자가 안정을 취하는 장^{場}으로서만 가족을 생각하는 기업의 지지로 '엄마의 손으로'라는 인식은 사회 전반에 널리 뿌리내렸다. '엄마의 손으로'라는 의식을 지지하는 여론이 강했던 것도 사실이다. 그러나 이것은 육아를 남녀공동의 일로 여기는 세계적인 추세에 역행하는 것일 뿐만 아니라, 결과적으로 남자들의 육아 참여를 극단적으로 축소시켜 오늘날 아이를 기르는 엄마들의 고립과 불안을 초래하는 문제로 이어졌다.

정체성을 둘러싼 혼란과 불안

무직의 엄마는 '엄마의 손으로'를 직접 실천하는 엄마에 다름 아니다. 따라서 이러한 '슬로건'을 실천하고 있는 엄마들의 육아불안이 크다는 것을 무조건 비판적으로만 바라볼 일은 아니지 않을까.

시야를 넓혀 세계로 눈을 돌리면 낳은 부모만이 아이의 양육을 담당하는 것이 아니라, 아이를 기르기에 가장 적합하다고 생각되는 부부에게 양육을 맡겨 자녀를 건강하게 기르는 사회도 있다. 북극에 사는 헤어 인디언이 그 전형이다(하라 히로코^{原ひろ子}《헤어 인디언과 그 세계》(헤이본샤^{平凡社}, 1980년). 오늘날 일본에서도 수양부모 제도 등이 주목받고 있다. 수양부모 제도는 친부모가 아닌 사실을 아이에게 알린 가운데 수양부모가 아이를 기르는 새로운 양친제도이다. 수양부모 제도 아래에서는 아이를 직접 양육하는 부모가 육아불안에 시달리지 않으며, 엄마와 아빠가 협력하여 육아를 담당하고 이러한 환경에서 아이도 안정된 관계 속에서 건강하게 자라는 경우가 대부분이다. 이러한 예를 보면, 낳은 엄마가 최고라는 '엄마 손으

로'라는 슬로건을 맹신하는 것은 매우 시야가 좁은 사고방식이라는 것을 알 수 있다.

육아불안에 대해 생각할 때 또 하나 주의할 필요가 있는 것은 엄마들의 불안과 고민이 반드시 육아와 아이에 대한 것만은 아니라는 점이다. 그러나 이것은 자칫하면 간과되기 쉽다.

육아불안에 대한 연구에 따르면, 아이를 둔 엄마의 불안과 고민에는 크게 두 종류가 있다. 첫째는, '아이의 행동에 짜증이 난다', '아이의 양육에 관해 걱정이 많다', '훈육이 잘 되지 않는다' 등 육아와 아이에 대한 불안과 고민이다.

둘째는, '엄마라는 사실과 함께 개인으로서 내 생활도 갖고 싶다는 바람을 좀처럼 이룰 수 없다', '예전처럼 일을 즐길 수 없다', '부모로서의 책임에 얽매어 있다(부모 이외의 것을 생각할 수 없다)', '친구를 사귈 기회가 적어졌다' 등등 어린아이를 둔 부모로서는 누리기 힘든 일상생활과 활동에서 소외된 데에서 생긴 불안과 불만이다.

이 두 종류의 육아불안을 비교해보면 육아 및 아이와 관련된 불안과 초조보다 지금의 자신에 대해 느끼는 심리적 스트레스 쪽이 훨씬 강하다. 다시 말하면, 육아불안보다 '현재처럼 살아가도 내 인생은 과연 좋은 것일까.'라는 성인으로서, 개인으로서의 정체성을 둘러싼 불안과 초조라고 말할 수 있다.

인간은 현재를 살아가면서 동시에 미래를 보고 전망하며 살아가는 존재이다. 그리고 인간이 느끼는 행복과 충족은 미래의 전망과 기대에 크게 영향을 받는다. 현재는 그럭저럭 생활하고 있어 겉으로 행복해 보여도 본인의 미래에 희망이 없다고 생각하면 불안하고 초조해서 궁극적으로는 행복을 느낄 수 없다. 이것은 장래를 생각하는 인간만이 지니는 복잡한 심리이다.

엄마들은 자녀가 사랑스럽다고 느끼고, 육아가 중요하다고 생각한다. 그렇기 때문에 일을 그만두고 육아에 전념하는 엄마들도 많다.

그러나 지금은 그렇게 생각해도, 어린 자녀가 성장하면 육아를 담당하는 엄마의 역할 또한 언젠가는 끝이 난다. 그때가 되었을 때 자신은 어떻게 될 것인가. 지금은 나를 위해 사용할 시간조차 없는데, 그때 나는 머리도 힘도 녹슬어버린 텅 빈 존재가 되고 마는 것은 아닐까, 일을 오랫동안 그만둔 내가 다시 일을 할 수 있을까?……. 이러한 불안이 찾아드는 것이다.

이러한 불안을 느끼고 초조해 하는 것은 장래를 생각하며 자신의 행복을 생각하는 인간에게는 당연한 것이다. 따라서 장래 희망이 없이 육아에 구속된 엄마가 불안을 느끼고 초조해져서 육아 방기와 학대에 이르는 것은 결코 이상 현상이 아니며, 몇몇 특수한 엄마만의 문제도 아니다.

최근 어느 잡지에서 '아이는 좋아하지만 육아는 좋아하지 않는다.'는 제목의 기사를 본 적이 있다. 이 제목이 가리키듯이 아이를 사랑한다는 것이 반드시 육아라는 일을 사랑한다는 것은 아니다. 육아의 중요성은 인정하지만 그것을 몇 번이나 계속하고 싶다든가, 일생을 육아에 바치고 싶다고는 생각하지 않는 것이 결코 이상한 것은 아니다.

요즘 아이를 둔 대부분의 엄마들은 결혼과 출산을 하기 전에 사회에서 일한 경험을 지니고 있다. 직장에 다닐 때는 비록 일은 힘들었어도 성취감을 느끼고 삶에 대한 의욕이 있었고, 직장과 연결되어 있다는 충족감을 맛볼 수도 있었다. 그러한 경험이 있기 때문에 현재의 육아 상황이 더욱 힘들고 막막하게 느껴지는 것이다.

아이와 육아에 대한 불안과 의문은 경우에 따라서는 전문가와 상담할 필요가 있을지도 모르지만, 육아에 익숙해지면 조만간 해결이 된다. 그렇지만 자신에 대한 불안과 고민은 그렇게 단순히 해결되지 않는다. 아이를 기르는 엄마가 무심코 불안하다거나 불만이라고 말하면, '어머니, 왜 그러세요. 육아는 중요한 일이니 어린 자녀가 자라는 동안에는 참으세요.' 같은 말을 듣는 경우가 적지 않다.

그러나 이러한 말은 엄마의 불안과 불만을 해소하기는커녕 자신의 처지와 상황을 이해받을 수 없다고 생각하게 만들어 더욱 자신 안으로 가두는 결과를 낳는다. 이렇듯 오늘날 엄마들은 육아와 아이 자체의 매력만으로는 충족감을 느낄 수 없게 되었다.

2. '육아만'이라는 사고가 부르는 사회적 고립

'내' 시간에 대한 바람

무직으로 육아에 전념하고 있는 엄마의 육아불안을 분석해보면, 육아와 아이에 대한 불안보다 오히려 자기 자신에 대한 불안이 크다는 것을 알 수 있다. 이 점을 더욱 자세하게 들여다보면 크게 세 가지 요소가 있다. 첫 번째는 사회로부터의 고립감, 두 번째는 '자기' 상실에 대한 불안, 세 번째는 남편과의 관계에서 갖는 불만이다. 육아 그 자체에 대한 불안보다 자기 자신이 처한 현재 상황에 대한 불안과 초조가 더 커다란 위치를 차지하고 있음을 알 수 있다. 첫 번째 요소와 두 번째 요소는 관계가 있다. 우선 이 두 개의 요소에 주목하여 분석해보자.

육아 스트레스로 고민하는 엄마들과 대화를 나눌 기회가 있었는데, 한 엄마가 이런 말을 했다. "아이는 귀엽고 육아도 문제없이 잘 해나가고 있어요. 손이 야무지지는 않지만 집안일을 하는 데 문제는 없고, 주부로서 아내로서 잘 해나가고 있다고 생각해요. 하지만 그래도 무언가 스트레스가 있어요. 바로 내가 '한 인격체로서 사회구성원으로서 잘 살아가고 있는 것인가'에 대한 충족감이 없다는 것입니다." 자리에 있던 모든 엄마들이 이 말에 공감했다.

다른 엄마는 "사회에서 뒤쳐지고 말았어요."라고 말했다. 이 외에도 '누구누구의 엄마' '아무개의 부인'으로만 대접받고 있는 것에 대한 불만을 이야기하는 엄마도 있었고, 자신만의 개성을 가진 하나의 고유명사를 지닌 존재로서 살아가고 싶고, 그렇게 대접받고 싶다고 말하는 엄마도 있는 등 절실한 목소리들이 터져 나왔다.

이러한 말들 속에는 육아와 아이만이 전부인 생활, 즉 사회적으로 고립된 상황에서는 엄마들이 심리적 안정을 누릴 수 없다는 안타까움이 담겨 있다. 육아와 가사에만 매달리는 상황에서 심리적인 만족을 얻을 수 없는 엄마들이 한 명의 여성으로서, 사회구성원으로서 살아가고 싶다는 절실한 심리가 지금 우리 사회에서 온당하게 받아들여지고 이해되고 있는지 되돌아보아야 한다.

직업을 가진 엄마들에게는 이러한 불안과 불만이 상대적으로 적은 것은 왜일까. 직업을 가진 엄마들은 일과 육아·가사를 모두 해내느라 매우 바쁘다. 육아에 시간이 많이 필요해 일을 제대로 할 수 없다든가 반대로 일 때문에 아이를 충분히 돌볼 수 없다는 두 가지 역할 간의 갈등도 경험한다.

그러나 일하는 엄마의 경우는 그러한 갈등이 있고 바빠도 나름 충족감을 맛볼 수 있다. 직장 생활을 하는 가운데 어느 순간에는 엄마도 아내도 아닌, 한 개인으로서의 시간을 가지며 활동을 하기 때문이다. 이로 인해 오히려 심리적 안정을 지니게 되고 심각한 육아불안에 시달리지 않고 아이를 대할 수 있는 것이다.

전업주부인 엄마들도 '시간이 없다', '바쁘다'고 말한다. 전업주부들은 가사와 육아에만 전념할 수 있는 데다 다양한 가전제품을 활용하고, 종이기저귀나 이유식 등 편리한 물건이 즐비해 예전에 비할 수없이 가사와 육아에 드는 손이 덜하다. 그런데도 왜 시간이 없는 것인지 의아해 한다. 그러나 전업주부 엄마들이 '없다'라고 말하는 그 '시간'은 아이의 양육과는 별개로 자신으로서 살아가고 행동하는 시간이다. 즉 단순한 물리적 시간이 문제가 아니라 심리적 시간의 문제라고 할 수 있다.

누구의 도움도 없이 어린아이를 혼자서 기른다는 것은 아이에게서 한시도 눈을 떼지 못하고 긴장을 풀 수 없다는 말이다. 육아를 하고 있는 엄마를 대상으로 한 조사에서 '지금 가장 힘든 것은?'이라는 질문에 1위를 차지한 것은 '아이가 좀처럼 자지 않는다'라는 대답이었다. 물론 엄마들이 아이가 잠을 자지 않는다고 수면 부족으로 병에 걸리지는 않을까, 죽는 것은 아닐까 하고 걱정을 하는 것은 아니다. 아이가 자는 동안 방해받지 않고 자신을 위해 여러 가지 일을 하고 싶은 것이다. 혼자서 육아를 책임지는 엄마일수록 누구에게도 방해받지 않고 자신이 원하는 일을 할 수 있는 자신만의 시간에 대한 강한 바람을 엿볼 수 있다.

버지니아 울프가 쓴 유명한 책《자기만의 방》에는, 인간이 자신의 생각을 지닌 한 사람의 성인으로 살아가기 위해서는 연간 500파운드의 수입과 열쇠가 있는 방이 필요하다고 적혀 있다. 엄마들이 원하는 '시간'은 자신을 위한 시간과 공간이다. '바쁘다'는 것은 물리적으로 바쁘다는 것이 아니다. 자신을 위한 시간을 가질 수 없다는, 개인으로서 생활하는 시간이 없다는 슬픔에 다름 아니다.

직업이 있는 엄마는 집을 나오는 순간 아이에게서 떨어지고 자신의 시간과 공간을 지니게 된다. 그 의미는 아주 큰 것이다. 어떤 아빠는 아내와 자식이 있는 집을 나오면 일단 한숨을 돌리게 되고,

전철에서 누구에게도 방해받지 않고 여유를 누릴 수 있다고 솔직하게 고백한다. 이것은 남성에게만 한정된 심리가 아니다.

뒤에서 자세히 말하겠지만, 사람은 전 생애를 통해 발달을 이루어가는 동물이다. 예전에는 성장이나 발달이라고 하면 아이와 관련된 문제이고, 어른이 되기 전까지의 개념이라고 생각했다. 그러나 최근 연구는 인간의 능력은 발달을 계속하며, 그러한 능력의 발달을 통해 인간은 충족감과 행복을 느낀다는 것을 보여준다. 육아만 하며 아이만 상대하는 생활이 특히 엄마를 불안하게 만드는 까닭은 이와 같은 어른으로서의 성장과 발달의 기회를 앗아가기 때문이다.

사회 변화의 필연으로서 '개인화'

지금까지 살펴보았듯이 현대 여성과 엄마들은 예전과 비교해서 스스로에 대한 애착이 크다고 말할 수 있다. 그 요인을 탐구해보자. 예전의 여성은 결혼 전에는 부모에게 부양받고, 결혼 후에는 며느리로서 가사와 양육을 담당하며 남편과 시댁의 부양을 받고, 남편이 죽은 후에는 자식에게 부양되어 일생을 마치는 것이 일반적이었다. 여성의 일생은 딸, 아내, 주부, 어머니로서 한 집안에 속해 살아가는 삶으로, 한 사람의 여성이자 개인으로서 자립하여 살아가는 것은 거의 불가능했으며 그렇게 할 필요도 없었다.

그러던 것이 크게 변했다. 노동의 기계화와 정보화의 결과 남성에게 유리한 육체노동이 쇠퇴하고 여성에게도 직업의 세계가 열렸다. 가사의 기계화, 서비스업의 증가도 여성 노동의 촉진을 도왔다. 그 결과 남성과 마찬가지로 여성도 직업을 갖고 경제력을 지니게 되었다. 딸, 아내, 며느리, 어머니로서 뿐만 아니라 고유한 개인으로서 살아갈 장이 마련된 것이다. 여성의 학력도 높아지고 남성과 마찬가지로 사회 활동과 직업에 필요한 능력을 갖추게 되었다. 사회의 변화가 여성에게 '개인'으로서 살아가는 길을 열어준 것이다.

요즘 여성들은 학교를 졸업한 후 취직하여 직업체험을 하는 것이 일반적이다. 직장에서는 '누구누구 집 딸'로서가 아니라, 자신의 이름 즉 고유명사를 지닌 개인으로서 대접받는다. 개인으로서 자신의 판단과 힘으로 행동하는 것이다. 이러한 체험에는 책임도 따르고 노력이 필요하다. 그렇지만 부모와 집, 남편 등의 얽매임에서 해방된 자유와 자신의 생각과 힘으로 살아간다는 기쁨, 즉 '개인'으로서 살아가고 행동할 수 있다는 점에서 커다란 매력이 있다. 그리고 이러한 직업체험은 여성의 기억에 선명하게 남는다. 직업과 사회로부터 소외된 엄마가 '누구누구 엄마' '누구누구 부인'이 아닌 자기 자신의 인생을 원하는 것은 무리가 아니다.

이에 더해 장수와 저출산이라는 인구동태상의 변화로 인해 여성은 '개인으로서 살아갈' 필요가 더욱 커졌다. 수명은 길어졌지만 자녀는 적어 긴 인생 가운데 어머니 역할을 하는 기간이 크게 단축되었다. 어머니·부인이라는 가족 내 역할만으로 생을 마치는 것이 불가능하게 된 것이다. 여성이 평균 6명 정도의 아이를 낳았던 시대, 여성은 자신이 낳은 아이를 모두 키우고 나면 남은 인생이 별로 없었고 곧 수명이 다했다. 남편은 이미 세상을 떠났고 여자 혼자 아이들을 길러내는 것으로, 엄마의 인생은 시간적으로도 또 심리적으로도 자신을 돌아볼 여유가 없었다. 개인으로서 살아가고 싶다는 생각을 할 필요도, 여유도 없었던 것이다. 그러나 장수와 저출산 현상은 여성에게 '개인'으로서 살아갈 것을 요구하며, 여성들의 생각을 바꾸어놓았다.

'개인'으로서 살아가고 싶은데 그렇게 할 수 없다는 불안과 불만은 아이를 기르는 엄마 개인의 마음가짐의 문제는 아니다. 시대와 사회의 변화가 여성의 인생과 생각을 변화시킨 결과인 것이다. 인간은 미래를 생각하는 동물이다. 지금은 오직 육아에만 전념하고 있지만 육아가 끝난 후 내 장래는 어떻게 되는 것일까. 그러한 것을 생각하면 불안하지 않을 수 없다. 이런 문제는 사회의 구조와 사고방식과 관계가 있는 것이기 때문에 여성의 힘만으로는 해결할 수 없다.

자기 자원의 배분을 둘러싼 갈등

자신의 시간을 바라지만 바빠서 자신의 시간을 가질 수 없는 엄마들의 바람은 단순히 참으라고 해서 해소되지 않는다. 그것은 출산과 육아가 인간에게 어떤 것인가를 원리적으로 생각해보면 명확해진다.

포유류인 인간의 번식은 임신-출산-육아라는 일련의 연속된 행위이다. 그런데 이 행위는 부모가 지니고 있는 자원을 자녀에게 투자하는 것이다. 뱃속의 태아에게 영양을 보급해주고 배설을 처리하는 것은 모태가 자동적으로 행하는 것이다. 출산 후에도 엄마로부터 영양 섭취는 계속되고, 배설을 비롯한 아기의 안전과 건강은 부모의 돌봄에 완전히 의존한다. 돌보는 엄마는 여기에 자신의 시간과 심신의 에너지를 대부분 사용한다. 이렇게 임신부터 육아라는 일련의 행위는 엄마의 시간, 심신의 에너지 등 자기 자원의 투자와 소비에 다름 아니다.

임신·출산 이전에 여성은 이 자원을 거의 모두 자신을 위해 사용한다. 하지만 임신·출산 후에는 자녀를 위해 이 자원을 소비하고 투자해야 하며, 자신을 위해 투자할 여지는 거의 없다. 시간과 경제와 심신의 에너지 등의 자원은 모두 유한한데 이 유한한 자원을 거의 자녀와 육아에만 써야 하는 것이다. 특히 혼자서 육아하면 자신의 자원만을 사용해야 하는데, 해당 엄마에게는 이것이 아주 힘든 일이다.

인간뿐만 아니라 모든 생물체는 두 가지 중요한 과제를 지니고 있다. 하나는 개체 자신의 생존과 발달로, 자신의 심신이 안전하고 쾌적하게 유지되고 성장하는 것이다. 또 하나는, 종의 보존·자손을 남기는 것, 즉 임신·출산·육아이다. 하지만 이 두 가지 과제를 해내기 위해서는 시간, 영양, 경제, 심신 등 모든 에너지가 필요하다. 그렇다면 이들 과제를 해내는 데 필요한 유한 자원을 어떻게 투자할 것인가 하는 문제가 대두하는데, 자원은 유한하기 때문에 배분을 둘러싼 갈등이 생기기 쉽다. 자신에게도 번식(즉 자녀)에도 균등하게 배분된다면 심각한 갈등은 일어나지 않는다. 하지만 육아에만 자신의 자원이 투자되고, 자신에게는 자원을 배분할 수 없게 되면 자기성장을 이룰 수가 없다. 그렇게 되면 자신과 자녀 양육 사이에는 갈등이 생겨난다.

육아에만 전념하는 엄마가 '시간이 없다', '나 자신이 살아가고 있다는 느낌이 없다.'고 한탄하며 불안을 호소하는 것은, 자신의 자원이 완전히 자녀에게만 투자되고(즉 번식에만) 자기 생존과 발달은 소홀하게 되는 것에서 유래한다. 달리 말하면, 육아 불안에 빠진 엄마는 자원 투자를 둘러싼 갈등의 회오리 속에 있다고 말할 수 있다.

이처럼 유한한 자원의 투자를 둘러싸고 갈등하는 인간의 숙명을 생각하면, 육아에만 전념하는 엄마들이 스스로를 돌아보고 '자신의 시간을' 원하는 것을 이기적이라고 잘라 말할 수는 없다. 육아를 하는 엄마에게 자기 자신을 성장·발달시키기 위한 시간과 공간, 활동 등을 보장하는 것이야말로 지금 필요하다. 이것은 우리 사회의 과제이며 뒤에 이야기할 육아 지원의 중요한 목표이다.

육아 휴직을 한 아빠의 불안

이제까지 엄마의 육아 불안을 살펴보았지만 육아 불안은 엄마, 곧 여성만이 느끼는 것은 아니다. 즉 엄마(여성)이어서 육아 불안을 느끼는 것은 아니라는 얘기다. 같은 상황이면 남성도 마찬가지로 육아 불안을 느낀다.

최근 소수이지만 육아 휴가를 받는 남성들이 있다. 다음은 육아 휴가를 받은 아빠들이 어떠한 기분으로 육아를 하는지를 쓴 것이다(기쿠치 후미菊池ふみ·카시와기 게이코柏木惠子 〈아빠의 육아〉 (분쿄가쿠인대학 인간학부 회보〉 9권 1호, 2007년).

사례 1

"해질녘 아이를 안고서 저녁노을을 보면 내 인생이 이래도 좋은 걸까 하는 생각이 순간적으로 들어요. 하루하루가 똑같이 반복되니까(중략).

월요일에서 금요일까지 완전히 통조림이죠. 토요일은 낮 12시부터…… 술 마시고, (중략) 그래서 일요일 오전에는 술에 전 채 지나가고 월요일 아침이 되면 절망적인 기분이 되죠. 또 한 주가 시작되는구나 하는 생각. 아주 끔찍한 기분에 마음이 무거워요."

사례 2

"그렇게 달콤하지 않더라고요. 생활은 익숙해지지 않고 집안일도 많고, 아이는 계속 돌봐주고 싶은 욕심이 나고……. 일을 쉬고 몇 개월인가는 멋지다는 생각도 들었지만 그것도 잠시이고 아이를 보는 생활이 스트레스가 되고, 일하는 쪽이 훨씬 즐거웠구나 하는 생각도 잠시 들었죠…. 누구에게도 인정받지 못하는 것처럼 보였어요. (중략) 사회로부터 차단되어 누구와도 소통할 수 없고, 누구도 내 존재를 인정해주지 않는 것 같은 느낌이 들어서."

사례 3

"엉엉 울면서…, 어른과 이야기하고 싶다고 생각했다(중략).
저 베란다에서 떨어져버릴까 하는 생각이 순간 들어… 불면증이 되어 신경이 예민해졌다."

이제까지 자녀를 자신의 분신으로 생각하는 것은 엄마의 모성애라고 생각했다. 하지만 자녀에 대한 아빠와 엄마의 감정을 비교해보면 엄마보다도 아빠 쪽이 '자녀는 내 분신'이라고 생각했다. 육아를 하지 않는 아빠일수록 그런 생각이 강했다(카시와기 게이코[柏木惠子]·와카마츠 모토코[若松素子] 〈'부모가 된다'는 것에 따른 인격 발달〉《발달심리학 연구》5권 1호, 1994년 6월). 이것은 자녀를 키워 본 경험이 있어서 육아의 어려움을 아는 사람이라면 자녀는 내 분신이라든가 귀엽다는 것만으로는 육아의 어려움이 해소되지 않는다는 것을 잘 알고 있음을 시사한다.

지금 소개한 아빠들의 경험에는 엄마의 육아불안과 마찬가지로 사회로부터 고립되고, 어른으로서 생활에서 소외된 불안과 괴로움이 보인다. 심지어 그 중에는 학대 일보 직전까지 간 사례도 보인다. 육아만 하는 생활을 하면 남성도 마찬가지로 불안을 느끼는 것이다. 그것은 어른으로서의 자기 발달이 막혀버린 것에 따른 결과이며, 자녀를 기르는 환경에도 좋은 영향을 미치지 않는다. 자녀를 기르는 부모가 활기차고 안정된 감정으로 육아에 임할 수 없으며, 이런 환경에서는 자녀도 건강하게 자랄 수가 없다.

남편과의 관계에 대한 불만

앞서 말한 것처럼 육아불안의 제3요소는 남편과 관계이다. 일을 그만둔 것은 사회적 고립이지만, 남편으로부터의 고립도 불안과 불만의 요소이다.

　　남편은 밥벌이로 바쁘고 아침에 일찍 집을 나가 밤늦게 귀가하는 생활. 특히 최근, 기업은 사원 수를 줄여 개인에게 할당된 일이 늘어 더욱 바쁘다. 자녀를 상대해주고 부인과 대화를 나눌 시간도 없고, 함께 외출을 하거나 취미 생활을 즐길 여유도 거의 없다. 이러한 상황에서는 함께 대화하고 공통의 취미를 즐길 수 있으리라 기대하며 결혼을 한 여자에게 불만이 쌓일 수밖에 없다.

　　그뿐만이 아니다. '나를 자녀의 엄마로서만 인정해줄 뿐이다.', '자녀에게만 관심을 보이고, 나는 괄시받고 있다.'는 식의 남편에 대한 불만도 많다. 자신과 남편의 관계가 변한 것에 대한 울분도 있다.

　　예전에 자신과 남편은 친구로 함께 공부하고 서로 격려하며 같은 일을 했는데, 이제는 두 사람이 대등하지 않다는 것을 알게 된다. 자신에게는 닫힌 직업세계와 직장에서 남편이 하는 일에 관한 이야기를 들으면서, 자신도 남편처럼 일하면 성과를 올리고 돈도 벌 수 있을 거라고 생각하는 부인들이 적지 않다. 자신이 더 잘할 수 있을 거라고 안타까워하는 여성도 있다. 남편의 능력을 잘 아는 부인으로서 현재 자신과 남편의 커다란 격차를 안타까워하고, '너무 불공평한 것 아닌가' 하는 불만이 점점 쌓인다. 다음에 소개하는 신문 투고는 이런 여성의 심리를 잘 보여준다.

"저와 남편은 같은 대학 동기였어요. 학부는 달랐지만 같은 세미나에 참가하고, 같이 스키 합숙에도 참가하는 등 항상 동등했습니다.

지금 저는 전업주부로 3살, 9개월 된 딸이 있습니다. 남편은 오로지 일만 아는 사람이어서 매일 야근이죠. 휴일 출근하는 것은 당연한 일이고 가사나 육아는 전혀 하지 않습니다. 전근족轉勤族(아빠의 직장 때문에 몇 년 단위로 계속 이사를 해야 하는 가족 – 옮긴이)이어서 이웃과 사귀기도 힘들고 날마다 아이들 얼굴만 보고 살고 있습니다.

솔직히 말하면, '좀 설렁설렁 해도 되지 않나'라는 생각도 듭니다. 남자들의 사회가 만들어온 '아이, 가족은 여자가…'라는 말대로 되고 말았습니다."(《아사히신문》 투고란 1991년 3월 7일)

남편과 관계에 대한 이러한 불만은 연애결혼과 여성의 경제활동이라는 사회 변화에 따라 만들어진 것이다. 남편과 부인의 대등한 관계가 가능함에도 불구하고, 대등하지 않은 관계를 초래한 것이다.

3. 육아에서 아빠의 부재라는 문제

엄마의 육아 불안과 아빠의 육아 부재

아빠가 되었지만 아빠 역할을 하지 않고 아빠가 실제 육아에 참가하지 않는 육아 상황은 일본에서 나타나는 특징적인 현상이다. 생활시간조사는 선진국 가운데 일본 아빠들의 육아 시간이 아주 짧다는 것을 명확히 보여준다. 영유아 자녀가 있는 아빠의 귀가 시간은 평균 오후 8시이며, 오후 9시대가 15.4퍼센트로 가장 많다. 밤 11시부터 다음날 아침 5시에 귀가하는 아빠도 21.9퍼센트이다.(베네세^{Benesse} 교육연구개발센터 〈유아의 생활 앙케이트〉 2006년) 또한 선진국에서는 총 가사·육아 시간의 40~30퍼센트를 남성이 담당하는데 반해, 일본은 12.5퍼센트에 지나지 않는다(후생노동성위탁 UFJ 총합연구소 〈육아 지원 등에 관한 조사〉 2003년).

　일본의 남성은 가족이 있지만 '가족 역할은 하지 않는', 아빠가 되지만 '아빠 노릇은 하지 않는' 다시 말해, 육아에서 아빠가 부재하는 상황이라고 말할 수 있다. 이와 같은 아빠의 육아 부재 상황은 다른 나라에서는 찾아보기 힘들다. 자녀가 일어나는 시간에 아빠는 집에 없으며 육아는커녕 자녀와 놀아주기조차 힘들다.

아빠는 늦게 귀가하여 잠을 자는 아이의 얼굴을 보면서 피로를 잊고 내일을 살아갈 힘을 얻는다. 자녀의 존재는 아빠에게 위로와 활력이 된다. 그것은 아빠에게 멋진 일이며 자녀와의 인연과 자녀에 대한 애정을 확인하는 일이다. 그렇지만 잠든 얼굴밖에 못 보는 아빠의 육아 부재 상황은 자녀와 엄마에게 좋은 영향을 주지 않는다. 그 단적인 것이 아빠의 육아 참여가 적은 엄마일수록 육아 불안이 크다는 사실이다.

성실하게 육아에 참여하고 있는 남편의 아내와 거의 육아에 참여하지 않는 남편의 아내가 육아에 대한 감정이 어떻게 다른지, 어떻게 생활하는지 비교해보았다. 남편이 육아에 참여하는 엄마는 '아이가 귀엽다', '육아는 즐겁다'는 등 긍정적인 감정이 강했다. 남편과 함께 하는 공동육아가 엄마에게 심리적인 안정을 가져다준 것이다.

남편이 육아에 참여하지 않는 아내는 긍정적인 감정이 결여되고 반대로 '짜증난다', '육아하는 보람이 없다', '아이가 없으면 좋겠다' 등 자녀와 육아에 대한 부정적인 감정이 강했다(표1-3).

이와 같은 부정적인 감정을 맛본 엄마는 육아를 더 이상 되풀이하고 싶지 않다고 생각한다. 육아는 이것으로 충분하고 자녀 또한 한 명으로 충분하다

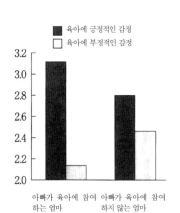

표1-3. 남편의 육아 참여와 육아에 대한 아내의 감정

출처 : 카시와기 게이코柏木惠子·와카마츠 모토코若松素子 〈부모가 된다는 것에 따른 인격 발달〉, 《발달심리학연구》 5권 1호, 1994년 6월

고 생각할 것이다. 그러므로 남편의 육아 부재 또한 '저출산'을 촉진시키는 숨은 요인이다.

인류의 부친은 진화의 산물

왜 육아 과정에서 아빠의 부재가 엄마의 심리에 마이너스로 작용하는 것일까. 여기에는 진화적인 근거가 있다.

넓게 동물계를 살펴보면, 대부분의 동물은 암컷이 새끼를 양육한다(실은 동물은 양육을 하지 않는 종이 단연 더 많다. 약 100만 종에 이르는 동물 가운데 양육을 하는 종은 대부분 조류와 포유류에 한정된다). 수컷은 교미를 한 뒤 암컷이 임신하면 떠나는 경우가 대부분이다. 즉 수컷은 정자의 제공이라는 형태로 종의 보존·번식에 기여하며 새끼가 탄생한 후의 양육에는 전혀 관여하지 않고 암컷에게 맡긴다. 하지만 동물 가운데에도 소수이지만 암컷이 임신·출산한 후에도 수컷이 떠나지 않고 머무르면서 새끼를 육아하는 종이 있다. 수컷이 단순한 정자 제공자에 그치지 않고 육아를 하는 파트너, 즉 '아빠'가 되는 것이다.

수컷의 육아 즉, '아빠'가 존재하는 동물에게는 공통점이 있다. 어떤 이유로든 육아가 까다로워 암컷만으로는 육아가 곤란하다는 점이다. 예를 들면, 한 번에 많은 새끼가 태어나 암컷 혼자서는 먹이를 충분히 구하지 못해 살아남기 힘들거나, 먹이가 풍부하고 안전한 장소로 새끼를 옮겨야 하는데 새끼의 체중이 무거워 암컷 혼자 이동시키기가 어렵거나, 서식지가 천적을 비롯해 위험이 많은 곳이어서 암컷 혼자 방어할 수 없는 등의 경우이다. 즉 암컷 혼자 힘으로는 새끼의 생존이 불가능하고 수컷이 육아에 가담해야만 새끼의 안전과 성장이 보장되는 경우다.

이처럼 수컷이 단순히 정자 제공에 그치지 않고 적극적으로 육아에 참여하는 것은 양육 곤란한 상황에 대처하여 번식을 성공적으로 완수하려는 전략 차원인 것이다. 즉 수컷이 부친으로 진화한 것은 '번식 성공 전략'을 위한 것이다. 그리고 인류의 부친은 그러한 전략의 정점에 있다.

인류의 번식, 즉 인간의 아기만큼 양육이 어려운 종은 찾아보기 힘들다. 인간의 아기처럼 미숙하고 무능한 동물은 없다. 자는 동안에 모포가 얼굴을 덮어도 인간의 아기는 그것을 치우지도 얼굴을 돌리지도 못해 최악의 경우 질식사할 수도 있다. 따라서 인간의 육아는 한시도 아기에게서 눈을 떼지 못하는 엄청난 집중과 노력이 요구되는 힘든 일이다.

새와 물고기의 새끼는 스스로 먹이를 찾아 먹기까지 그리 긴 기간이 필요하지 않다. 태어난 직후 어미의 주머니에 매달려 자라는 새끼 원숭이도 혼자 걸어다니며 먹이를 얻을 수 있게 되면 부모는 더 이상 먹이를 주지 않는다. 먹이를 주기는커녕 자신에게 기대는 새끼를 공격해 자신에게서 떨어지게 한다. 새끼의 자력 보행과 자각으로 부모의 역할은 완료되는 것이다.

이에 비해 인간의 아기는 걷고 말을 하는 것은 발달의 첫 단계에 지나지 않는다. 인간의 아기는 말하고, 읽고, 쓰고, 생각하고, 예의범절을 익히고, 사회의 규율과 도덕을 준수하고, 자신의 가치관을 확립하는 등 실로 다양하고 광범위한 것을 익혀야 한다. 그리고 이러한 것을 익히는 데에는 다른 동물과는 비교할 수 없을 만큼 오랜 기간이 필요하다. 양육이라는 과제의 양과 투여하는 시간에서 인간의 육아만큼 힘든 종은 없다. 즉 인간은 육아가 가장 어려운 종이다.

이렇게 어려운 육아를 성공적으로 치러내고 종을 보존하기 위해서는 엄마 혼자서는 무리이며, 다른 사람들의 관여와 협조가 필요하다. 이러한 이유에서 인류의 남성은 단순한 정자 제공자로 끝나지 않고, 아이가 출생한 후에도 여성(엄마)과 자녀 옆에 머무르며 식량을 조달하거나 외부의 적으로부터 가족을 보호하고 더 나아가 자녀를 돌보는 등의 일에 관여하게 되었다. 즉 장기간에 걸친 힘든 육아를 성공적으로 해낼 수 있는 전략에 따라 인류의 남성은 '아버지(부친)'로 진화한 것이다.

　따라서 일본에서 나타나는 '부친'의 육아 부재 상황은 '육아＝번식 성공의 필수품'으로 진화한 인류의 기능이 제대로 작동하지 않게 된 것이라고도 말할 수 있다. 번식 성공을 목표로 진화한 아버지라는 존재의 부재와 기능 불량 상황이 홀로 고생하는 어머니를 불안에 빠트리는 것은 당연한 일일 것이다. 그만큼 육아는 혼자서는 대처할 수 없을 정도로 어렵고 힘든 과제이다.

　그렇지만 이런 사실이 엄마 이외의 양육자가 반드시 아빠이어야만 한다는 것을 의미하지는 않는다. 여러 사회의 양육을 살펴보면 육아를 담당하는 존재는 할아버지, 할머니와 형제자매, 유모 등 여러 사람인 것이 공통점이다. 이것은 엄마와 마음이 맞고 아이를 사랑하는 사람이라면 누구라도 양육에 관계할 수 있고, 또한 양육하는 사람이 여럿 필요하다는 것을 시사한다. 이혼과 사별 등으로 인한 한부모 가정의 경우 대부분의 자녀는 어린이집에서 교사와 친구들 사이에서 자라지만, 이것은 또 다른 커다란 의미를 지닌다. 엄마 혼자서 단독으로 행하는 육아를 충분히 보충하고, 한 가정에서만 이루어지는 육아보다 훨씬 풍요로운 양육환경을 만들 수 있기 때문이다.

이에 반해 아빠가 있어도 육아에 참여하지 않아 자녀의 생활에 아빠가 없고, 자녀가 거의 엄마하고만 생활하는 것은 복수 양육이 결여된 상황이다. 이것은 자녀뿐만 아니라 아내에게도 남편과 유대감 결핍이나 파트너십 부재라는 문제를 불러온다.

일상의 육아를 함께 하는 아빠가 필요

아빠의 육아 부재, 즉 아빠가 있어도 육아는 하지 않고 자녀의 생활 속에 없는 상황은 자녀의 심리 발달에 마이너스로 작용한다.

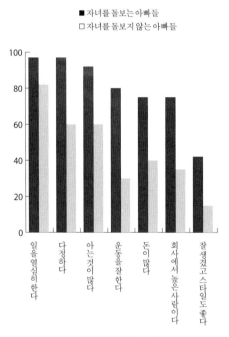

표1-4 자녀는 아빠를 어떻게 생각하고 있는가

출처 : 후카야 마사시深谷昌志 〈변화해가는 부친상〉 마키노 가츠고牧野カツコ, 나카노 유미코中野由美子, 카시와기 게이코柏木惠子 《자녀의 발달과 부친의 역할》, 미네르바 서방, 1996년

아빠가 있음에도 불구하고 자녀와 교류가 없는 경우 자녀의 심리 건강에 좋지 않은 영향을 미치기 때문이다.

자녀가 아빠를 어떻게 생각하고 있는지에 대해 자녀를 돌보는 아빠와 그렇지 않은 아빠를 비교한 조사가 있다. 이 조사에 따르면 자녀는 자신을 돌보지 않는 아빠를 무섭게 생각하고 낮게 평가했다.(표1-4)

뒤에서도 살펴보겠지만 최근 아빠가 자녀 육아에 참여하는 경우가 자주 회자되고 있다. 그러나 그 내용을 꼼꼼히 살펴보면 평생 다시 하기 힘들 것 같은 특별 이벤트나, '교육 마마' 뺨치는 계획적인 교육 노선인 경우가 왕왕 눈에 띈다. 마치 그동안 아빠 노릇을 하지 않은 것을 한꺼번에 만회하려는 것처럼 보인다.

그러나 자녀와 아내가 아빠·남편에게 원하는 것은 훨씬 작고 일상적인 것이다. 즉 저녁 식사 자리에 아빠가 있는 것, 아빠와 엄마가 다정하게 대화를 하고 자녀가 묻는 것에 답을 해주는 그러한 생활이다. 그러한 하루하루의 교류 가운데 자녀는 아빠를 알고 아빠의 매력을 발견하고 신뢰를 쌓아간다. 또한 이러한 공동 육아로 부부의 유대가 강해지며 아빠도 무심했던 자녀와 교류하면서 자녀의 개성과 관심, 희망을 알 수 있다.

이쯤에서 최근 우연히 맞닥뜨린 재미있는 경험을 하나 소개한다. 크리스마스 직전 주말 아동도서 전문점에서 있었던 일이다. 초등학교 3학년 정도 되어 보이는 자녀를 데려온 아버지가 아이에게 책을 사주려 하고 있었다. "이것은 어때?"라고 아빠가 집어든 책 두 권을 본 아이는 "집에 있어요!"라며 아빠가 잘 모른다는 투로 말했고 아빠는 겸연쩍어했다. 아빠는 아이를 위한 마음에서 좋은 책을 사주려고 했지만 막상 자녀에 대해서는 잘 모르고 있었던 듯했다. 그러한 아빠에게 정나미가 떨어진 것 같은 아이의 대답은 보기에도 안타까웠다. 자녀와 자주 접촉하지 않는 아빠는 자녀의 마음을 알지 못하고, 그러한 아빠가 계획하는 이벤트와 교육 노선은 자녀의 마음을 움직이기 힘들다.

아빠와 엄마는 다른가

아빠에게도 육아를 맡기자는 견해에 대해 아이를 낳은 엄마보다 육아를 잘할 수는 없다, 육아는 엄마에게 맡기는 것이 좋다는 의견이 있다. 그렇다면 자녀를 양육하는 데 남녀의 본질적인 차이가 있는 것일까.

포유류인 인간은 태생胎生과 포유가 특징인데, 모두 암컷만 가진 기능이기 때문에 육아에서 여성의 역할은 절대적이다. 그래도 첨단 의료의 발전과 분유의 발명은 태생과 포유가 대체 불가능하다고 말할 수 없는 상황을 만들어가고 있다(예를 들면, 프랑스는 모유보다 분유로 기르는 사람들이 많다). 다른 포유류와 달리 인간은 과학기술의 발달로 생식과 생육의 과정을 변화할 수 있게 된 것이다.

그렇다고 해도 임신과 수유는 엄마의 몫이어서 자녀를 다루는 것은 엄마보다 잘 할 수 없다고 생각한다. 그 결과일까. 일본을 비롯한 많은 사회에서 육아는 대부분 엄마가 맡는 것이 현실이다.

심리학에서는 훈육과 부모-자식 관계에 대해 오래 전부터 활발히 연구를 해왔다. '부모의 훈육과 자녀의 성격' '부모-자식 관계에 따른 자립의 발달' 등을 주제로 한 연구는 많지만, 여기서 '부모'는 대부분 엄마를 의미한다. 이것은 무엇보다 자녀를 기르는 이는 엄마라는 현실에서 기인한 것이지만, 그것에 더해서 자녀의 발달에는 엄마가 중요하다(아빠는 그렇지 않다)는 암묵적인 동의가 '부모 연구=엄마 연구'라는 상황을 만들어낸 것이라는 점을 부정할 수 없다.

이처럼 심리학 연구 분야에서도 오랫동안 '아빠는 부재'했다. 그러다가 1980년경 미국의 심리학자 마이클 램Michael Lamb이 '자녀의 발달에 기여하고 있는 또 한 사람의 부모'로서 '아빠'를 '발견'했다. 이를 계기로 아빠에 대한 연구가 폭발적으로 증가하였다. 그것은 이혼 증가로 생겨난 모자 가정과 부자 가정이 자녀의 발달에 문제를 주는 것은 아닐까 하는 실제적인 우려에서 비롯된 것이었다. 여기에서 활발하게 연구된 것은 (이제까지 미발견·미연구였던) 아빠는 엄마와는 다른가에 대한 것이었다. 연구 결과는 아빠와 엄마는 '다르다'는 것으로 요약될 수 있다.

예를 들면, 영유아인 자녀를 안을 때 아빠와 엄마는 다르다. 엄마는 기저귀나 옷을 갈아입히고 밥을 먹이는 등 자녀를 돌보는 일이 많지만, 아빠는 자녀와 놀아주는 것이 많고 특히 신체를 사용한 놀이를 많이 한다는 차이가 있다. 여기에서 엄마와 아빠는 다르고, 소소하게 자녀를 돌보는 것에서는 엄마가 앞서고, 아빠는 고작해야 놀이 상대가 되는 것뿐이라는 결론이 나왔던 것이다. 엄마와 아빠는 역시 본질적으로 다르다고 생각하게 된 것이다.

체험과 책임이 행동을 바꾼다

이와 같은 전통적인 연구 흐름에 이론異論을 제기한 연구가 나타났다. '아빠와 엄마는 다르다'라는 결론은 엄마와 아빠의 차이, 즉 성의 차이에 따른 것만은 아니었음을 실증적으로 밝힌 것이다.

보통 육아는 주로 엄마가 담당하고 아빠는 보조자의 입장에서 자녀를 돌본다. 이제까지의 연구는 아빠와 엄마의 차이는 남과 여의 차이와 어떤 관계에서 육아를 하는 것인지(주된 책임자인지 보조자인지)의 차이가 구분되지 않고 함께 이루어졌다. 그러나 이후 육아를 하는 아빠와 보조자 역할의 아빠를 구별하여, 자녀에 대한 태도와 행동을 비교한 연구가 나타났다.

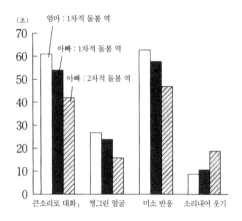

표1-5 주양육 부친, 보조양육 부친, 모친의 자녀에 대한 행동

출처 : 티파니 필드^{Tiffany Field}, 〈주양육 부친과 보조양육 부친의 상
호작용 행동〉, 《Development Psychology, Vol.14, No.2》, 1978년
3월

그 결과는 아빠와 엄마가 다르다고 했던 이제까지의 믿음에 충격을 안겨주었다. 주된 양육자(1차적 돌봄 역할) 역할을 하는 아빠는 그렇지 않은 보조 역할(2차적 돌봄 역할)에 머무는 아빠와는 상당히 다르며, 주된 양육자인 아빠의 행동은 엄마와 유사하다는 것이다(표1-5). 이것은 아빠와 엄마라고 하는 차이가 아니라, 양육의 제1책임자인가 보조자인가가 자녀에 대한 행동과 태도를 결정한다는 것을 가리킨다.

램의 연구에서 아빠가 자녀와 놀아주는 일이 많은 것은 식사나 옷 갈아입히기 등의 돌봄은 제1책임자인 엄마가 하기 때문이다. 누군가 자녀를 돌봐준다면 엄마도 아빠처럼 자녀와 놀아줄 것이다.

그 후에 이루어진 연구도 육아 책임과 체험이 행동을 변화시킨다는 것을 확인해준다. 행동만이 아니다. 자녀에 대한 감정도 성별이 아니라, 자녀에 대한 양육 책임을 얼마나 책임지는지에 따라 달라진다. 육아 휴가를 받은 아빠는 열심히 육아를 한다는 점에서 엄마에 견주어 별 차이가 없다. 자녀를 키우는 엄마와 마찬가지로 자녀만 상대하는 생활에 화가 나기도 하고, 한순간 자녀를 떠나고 싶은 충동에 사로잡힐 정도로 육아가 싫다고 생각할 수도 있다는 것을 앞에서 살펴보았다. 일과 회사로부터 격리되어 오직 자녀와 생활하는 것이 불안과 초조를 고조시킨다는 점에서 아빠와 엄마는 같다. 이러한 일련의 연구로 자녀와 육아에 대한 태도와 심리는 남자인지 여자인지가 아니라, 성을 초월하여 양육을 책임지는 역할, 즉 양육 체험을 통해서 생겨난다고 말할 수 있다.

천성적으로 여성만이 자녀에 대한 독특한 애정을 지니고 있다는, 즉 '모성애'가 존재한다고 간주하는 것은 틀린 생각이다. 또한 엄마가 원래부터 양육에 능숙한 것은 아니다. 육아에 대한 책임을 지고 자녀와 생활을 해나가는 가운데 양육 방법을 몸에 익히게 되는 것이다.

이러한 점에서 인류는 육아 본능을 지닌 동물과는 다르다. 인간은 성^{性}이나 혈연의 유무에 상관없이 작고 약한 것을 사랑으로 보호하고 기르고자 하는 마음을 지녔다. 타자의 마음을 이해하고, 타자를 돕고자 하는 마음을 가진 것이 인간이라는 존재이다. 육아에 관한한 아빠는 엄마를 따라갈 수 없고, 육아는 엄마의 일이라고 생각하여 아빠가 육아에서 손을 떼는 상황은 이런 인간으로서의 마음과 힘을 무시하는 것이다. 인류의 부친은 힘든 육아를 무사히 성공하기 위해 진화한 것이기 때문이다.

육아 불안과 부부의 갈등

이제까지 엄마의 육아 불안을 중심으로 아빠의 문제를 살펴보았다. 그러나 단순히 육아 불안에 그치지 않고 자녀를 어떻게 키울 것인가 하는 문제는 부모, 즉 부부간의 관계와 밀접하게 관련된다.

이제까지 심리학은 훈육과 자녀의 발달 관련 속에서만 부모를 살펴보았지만, 최근에는 점차 부부의 관계를 중요한 문제로 보기 시작했다. 이름만 아빠인 남편은 직장인이고 엄마 홀로 육아를 담당하는 성별 분업은, 남편에 대한 부인의 불신과 불만을 강화해 '모자밀착^{母子密着}' '모자연합^{母子聯合} 현상'을 만들고, 남편과 아내의 분열과 갈등을 만들어낸다. 그러나 자녀는 이런 부모의 모습을 원치 않는다. 임상 사례들을 보면, 자녀에게 중요한 것은 부모의 훈육과 성격 이상으로 부모가 부부로서 조화로운 관계를 이어나가는 것이다.

제2장

과보호 육아의 문제점

―저출산시대의 자녀 양육

1. 자녀를 바라보는 관점의 변화

―자녀를 '만드는' 시대의 부모 심리

1장에서는 자녀가 자라는 환경의 일부인 육아 불안이라는 부모의 문제를 살펴보았다. 이제 자녀 쪽으로 눈을 돌려보자. 자녀의 '양육'과 관련해 불거진 최근의 몇몇 문제가 보인다. 다른 사람과 관계를 맺지 못하고 스스로 사회에서 고립되는 것을 택하는 히키코모리나 '착한 아이의 반란'이라고 할 수 있는 현상도 눈에 띈다. 착하고 학교생활도 잘 해나가던 자녀가 돌연 부모에게 반항하고, 극단적인 경우에는 끔찍한 '존속 살인'에까지 이르는 부모 자식 간의 갈등도 일어나고 있다.

이러한 문제는 왜 일어나는 것일까? 무엇보다도 현재 급속하게 진행 중인 저출산 현상을 하나의 원인으로 지적할 수 있다. 그리고 저출산의 확산으로 오늘날의 부모가 자녀에 대해 느끼는 관점이 과거와 달리 크게 변화한 사실을 이야기할 수 있다. 이번 장에서는 이러한 변화가 무엇을 초래하였는지 분석하면서 지금 자녀 '양육'에서 일어나고 있는 문제를 검증해보고자 한다.

'자녀는 보물'인가

저출산과 고령화는 오늘날 일본의 특징적인 현상으로 자주 언급되고 있다. 이것은 일본의 미래와 관계 있는 큰 문제여서 어떻게든 이를 막아야 한다는 부정적인 논조가 눈에 띈다. 최근 양육에 대한 지원 폭이 넓어지는 것에서도 저출산 대책의 분위기를 엿볼 수 있다.

그러나 저출산 현상이 진행된 과정을 되돌아보면 이것은 그렇게 단순한 문제가 아니다. 전쟁 전(1945년 이전)에는 형제가 4~5명은 되었으나 이제는 자녀가 1~2명뿐인 것을 보면, 확실히 저출산 시대라는 것을 실감한다. 심지어 자녀를 낳지 않는 부부도 드물지 않다. 생애출산율(여성 한 명이 일생 동안 낳은 자녀수의 지표)은 1.26(2005년)으로, 인구유지수준(인구가 전前 세대의 수치 아래로 내려가지 않고 유지되는 수준)인 2.1을 크게 밑돌고 있다. 이대로라면 일본의 인구가 감소하는 것은 확실하다.

하지만 일본에서는 전후戰後(1945년 이후) 베이비붐과 더불어 자녀수가 급속히 감소하는데, 저출산은 이 시점에서 이미 시작되었다. 세계 대부분의 국가에서 전후 베이비붐이 일어났다. 하지만 베이비붐이 단기간에 끝나고 자녀가 평균 2명 이하로 내려간 일본의 현상은 다른 나라에서는 찾아보기 힘들다. 여기에 현재 저출산 문제의 뿌리가 있고, 그 문제를 해결할 열쇠가 있다.

전전戰前 시절 일본 정부는 부국강병정책 아래 다산을 장려했다. 자녀를 많이 낳은 여성에게는 상장을 수여했지만 가족계획과 임신 조절은 허용되지 않았다. 여성의 건강을 해치고 빈곤을 부르는 다산을 방지하고자 육아 제한을 제창한 미국의 생어Margaret Sanger(1883~1966년. 미국의 산아조절 운동가_옮긴이) 부인이 일본을 방문했는데(1922년 초), 생어의 주장을 지지하는 운동은 탄압을 받기도 했다. 그러나 전후戰後 상황은 급변했다. 집도 식량도 의복도 부족했기 때문에 '낳아라 늘려라'는 구호는 현실에 부합하지 않았고, 다산은 바람직하지 않게 되었다. 다만 전전에 다산을 장려한 정부가 노골적으로 자녀를 적게 낳으라고 선전할 수는 없었기에, 대신 '자녀 두 명으로 풍족한 생활'이라는 논조가 전후 신문지상에 자주 등장하여 국민의 공감을 얻었다.

어느 가정이나 전쟁 이래 곤궁한 생활이 계속되었다. 하지만 풍요로운 서구의 생활에 대해 알게 되면서 사람들은 궁핍한 생활에서 벗어나 서구처럼 풍요로운 생활을 꿈꾸었다. 그렇지만 풍요로운 생활을 원한다고 해서 일거에 수입을 늘리는 것은 불가능했다. 그래서 자녀를 적게, 가능한 2명만 낳는 것이 풍요로운 생활을 위한 효과적인 방법으로 받아들여졌다. 생활의 풍요로움과 자녀의 수 사이에서 이해득실을 생각하게 된 것이다.

이러한 사정을 배경으로 '자녀는 두 명'이라는 인식이 급속히 정착되었다. '자녀는 두 명'이 좋다는 생각이 사람들 사이에 퍼져 공유되고, 다른 나라와는 다르게 빠르게 베이비붐 현상에서 벗어났다.

1970년대까지 생애출산율은 2.0 이상으로 인구치환수준人口置換水準은 확보했지만, 1975년 생애출산율이 다시 2 이하로 떨어진 뒤로는 올라가지 않았다. 수치 이상으로 중요한 것은 자녀의 수와 생활의 풍요로움을 맞바꾸었다는 점이다. 풍요로운 생활이라는 목표 달성을 위해 자녀의 수를 줄였던 것. 이것을 사람들이 명확히 의식하고 있었는지 아닌지는 불분명하지만, '자녀 두 명으로 풍요로운 생활'이라는 캐치프레이즈에는 그것이 잘 드러나 있다.

일본에서는 오래전부터 자녀는 세상 그 무엇과도 바꿀 수 없는 보물이라고 간주하는 사회적 통념이 있었다. '자녀는 보물(子寶思想)' 이라는 이 관념은 지금 어떻게 변했을까. 사람들이 여전히 자녀를 그 무엇과도 바꿀 수 없는 보물이라고 생각한다면, '풍요로운 생활' 과 맞바꾸려고 자녀를 적게 낳는 일은 일어나지 않았을 것이다. 저출산 현상이 진행된 배경에는 풍요로운 생활과 자녀를 저울질하게 된, 즉 자녀를 절대적인 '보물'로 생각하지 않게 된 인식의 변화가 있었다. 자녀는 이제 '무조건 보물'은 아니다. 이것은 획기적인 변화로 저출산 현상의 숨은, 그러나 중요한 요인이다.

'자녀는 보물'이라는 관념과 육아 방기, 학대의 사이

이처럼 자녀와 풍요로운 생활에 대한 욕망이 뒤바뀐 것은 최근 시작된 일이 아니다.

오늘날에는 '자녀'를 '만든다'는 표현을 널리 사용한다. '만든다'는 표현에는 '만든다', '만들지 않는다'라는 부모의 적극적이고 능동적인 의사가 들어 있다. 자녀를 '만든다'고 생각하는 관념이 명확한 것이다. 기술적으로든 도의적으로든 피임이 불가능해 임신 전에 '만든다', '만들지 않는다'를 결정할 수 없었던 시대에는 이를 회피(트레이드오프trade off)하려는 행위가 육아 방기, '자녀 살해' 등 더욱 잔혹한 형태로 이루어졌다.

인류의 역사를 거슬러 올라가보면 육아 방기와 '자식 살해'는 오래전부터 세계 곳곳에서 일어났던 일로, 결코 드문 일이 아니다. 진화와 문화인류학적 자료를 토대로 모성과 인류의 육아를 검토한 사라 블래퍼 하디Sarah Blaffer Hrdy의 대작 《Mother Nature》는 저간의 사정을 명확하게 보여준다.

이 책에 따르면, 살인 특히 '자식 살해'를 큰 죄로 간주하는 기독교가 뿌리내린 후에도 유럽에서는 '자식 살해'와 자녀 유기가 드문 일이 아니었다. 부모의 희망과 관계없이 계속 아이가 태어나던 시대, 대부분의 사람들의 생활은 오늘날과는 비교할 수 없을 정도로 궁핍했다.

손이 많이 가는 어린 자녀 몇 명에 연로한 부모가 있고, 그중에는 아픈 식구마저 있다. 게다가 재해와 기근 등 생명을 위협하는 현상이 빈번히 일어나는 가혹한 상황에서 또 태어난 아이를 기르는 일은 가족 전체의 생존을 위태롭게 했다. 당시 '자식 살해'에 대하여 '되돌려보내다'라는 완곡한 표현이 사용되었지만, 유아를 돌보는 사람(대부분은 엄마)이 아기에게 '덮개를 씌우면', 아기는 숨을 쉬지 못해 생명을 잃는 경우가 많았다.

요즘 말하는 무호흡이나 영유아 돌연사 증후군과 같은 사고가 빈번히 있었지만, 그것은 '자연스럽게' 그리 된 것이 아니라 '덮개를 씌워 되돌려보내는 것', 즉 '자식 살해'였다고 하디는 기록하고 있다. 낳은 자녀를 모두 기르는 것이 오히려 사치로 여겨지던 시대였다.

'자녀 유기'는 더욱 빈번했다. 자녀를 기를 수 없을 정도로 궁지에 몰린 부모들은 자녀를 유기遺棄했다. 길가나 도랑, 남의 집 앞에 버려진 아이들을 살리기 위해 고아원이 만들어졌다. 오늘날 '거리가 미술관'이라고 일컬어지는 피렌체에는 '순결한 자들을 위한 자선시설'이라는 이름의 세계 최초의 고아원이 있다. 1445년 설립된 이 시설의 기록에 따르면, 설립 첫해에 거둔 고아는 90명이었지만 점차 증가하여 연간 5,000명의 영유아가 근처 토스카나 지역에서 버려져 이곳으로 왔다.

이렇게 버려진 아이들을 위한 고아원은 16세기~18세기 영국과 러시아에도 있었다. 자녀 유기는 생활고 때문에 아이를 양육할 수 없는 부모와 혼외자녀를 낳은 여성이 자녀의 생명을 어떻게든 살리고 싶은 생각에 행한 고육지책의 행위로, 고아원은 버려진 아이들을 구제하기 위한 방책이었다.

일본도 마찬가지이다. 에도 시대 농촌에서도 기근과 빈곤, 연로한 부모와 가족의 병, 거듭되는 출산으로 인한 부인의 건강에 대한 염려, 혼외자식 등 막다른 상황으로 인해 갓 태어난 영아를 죽음에 이르게 하는 '되돌려보내기', '자식 돌려보내기'라는 압사가 드문 일이 아니었다. 그러나 이를 자녀에 대한 애정이 부족해서 발생한 행위라고만은 할 수 없다. 오오타 모토코太田素子는《자녀보물사상과 자식 돌려보내기子寶と子返し》에서, 자녀에 대한 사랑이 있어도 자녀가 더 생기면 가족 전체의 생존을 위협하기 때문에 어쩔 수 없이 선택한 행위였다고 지적한다.

일본에 '자식살해'가 많은 것은 왜일까

오늘날 이러한 사정은 달라졌지만 아직도 자녀를 죽이는 부모가 있다. 특히 일본은 전후戰後 살인 건수가 급속히 감소하여 다른 나라에 비해 아주 적게 발생하는 편이지만, 혈연간 살인은 다른 나라보다 많이 발생하며, 특히 엄마의 '자식살해'가 많다는 특징이 있다(하세가와 히사시長谷川壽, 하세가와 마리코長谷川眞理子〈전후 일본의 살인 동향戰後日本の殺人動向〉《과학》 2000년 7월호). 이것은 어떤 의미를 지니는 것일까.

포유류인 인간의 번식, 즉 임신·출산·수유를 포함한 육아는 여성에게 대부분의 부담과 자기 자원의 투자를 요구하는데, 남성과는 비교할 수 없을 정도이다. 대부분은 큰 문제없이 이루어지지만, 그 부담이 너무 과중하여 자신의 자원이 모두 육아에 쓰여 엄마 자신의 생활과 존재를 위협할 정도가 되면, 자식이 차라리 없었으면 하는 충동에 휩싸이게 하는 위험도 있다.

어느 사회나 살인에 대해서는 도덕과 윤리 등을 동원하여 강한 억지력을 작동한다. 그렇지만 그 억지력을 능가할 정도로 힘들거나 절망, 격노, 증오, 질투 등의 감정을 느꼈을 때 살인이라는 행위에 이르게 되는 것이라고 진화심리학은 설명한다. 엄마의 '자식살해'도 그 가운데 하나이다.

선진국 가운데서 일본은 살인 건수가 적음에도 불구하고, 엄마의 '자식살해'가 많다는 것은 양육의 부담이 오직 여성에게만 편중된 것과 밀접한 관련이 있다. 엄마의 '자식살해'를 분석한 연구에 따르면 자녀를 살해하는 경우는, 혼외자식 그리고 남편과 이별한 모자母子의 경우가 많았다. 혼외자식에 대한 강한 사회적 편견과 차별 혹은 이혼한 남편이 부양비를 적게 주는데 어린 자녀를 맡은 엄마가 정규 직장을 얻기 어려운 점 등 엄마의 심리·경제적인 부담이 큰 것이 '자식살해'의 요인이다. 이런 점들로 인해 사회에서 고립된 엄마가 최악의 경우 '자식살해'를 행하기도 한다.

2007년 구마모토熊本 시 병원에 '베이비 박스'가 설치되었다. 여러 사정으로 자녀를 기를 수 없는 부모가 익명으로 아기를 맡길 수 있게 설치하였는데, 병원 측은 '버려지고 죽어가는 생명을 구하고 싶은' 의도라고 했다. 이에 대하여 찬반 토론이 벌어졌다. 앞에서 말한 것처럼 유럽과 일본의 에도시대에 있었던 일을 안다면 '베이비 박스' 발상은 기상천외한 것도 아니고 비인간적인 행위라고 단정할 수도 없다. 그러나 한편에서는 오늘날처럼 풍요로운 일본에서 왜 자녀를 유기하는지에 대한 의문이 생기고, 문제라고 생각할지도 모른다. 확실히 생활 조건도 육아 사정도 크게 바뀌었다. 당시와 비교하여 오늘날 사람들이 겪는 생활고는 그때처럼 힘들지는 않을 것이다.

그럼에도 자녀 기르는 것을 부담스럽게 생각하여 육아를 회피하려고 하는 엄마가 많다. 그러한 현상은 지금 서술한 것처럼 자녀를 기르는 것에 대한 사회적 조건의 미비가 크게 작용한다. 이런 엄마들에게 자녀에 대한 애정이 부족하다고 비난하면 문제가 해결되는 것일까. 그보다는 그렇게 할 수밖에 없었던 엄마의 사정, 배경 등을 먼저 충분히 검토할 필요가 있다.

저출산은 예전에도 있었다

저출산을 생각할 때 잊어서는 안 되는 것이 하나 더 있다. 요즘에는 '자녀 두 명'이 일반적이어서 30~40년 전 자녀가 5~6명 정도이던 때와 비교하여, 옛날에는 형제가 많아서 집안이 떠들썩했는데 지금은 자녀가 두 명밖에 없어 쓸쓸하다…는 등 비관적으로 생각하는 경향이 있다.

'부부가 자녀를 두 명만 갖는' 현상은 최근 시작된 일은 아니다. 실은 200~300년 정도 전에도 부부에게 남은 자녀는 두 명 정도가 보통이었다. 이해하기 쉽게 약 200년 전 음악가 모차르트 집안의 경우를 예로 들어보자. 모차르트는 젊어서 죽었기 때문에 그의 부인 콘스탄즈^{Constanze}와 결혼생활은 9년밖에 되지 않았다. 9년 동안 콘스탄즈는 자녀를 6명 낳았다. 하지만 그 가운데 4명은 아주 어렸을 때

죽어 모차르트가 사망했을 당시 콘스탄즈에게 남은 자녀는 2명뿐이었다.

그런 연유로 모차르트 부부에게 자녀는 2명이었다. 이는 자녀 숫자로만 본다면 오늘날 일본의 가정과 크게 다르지 않은 모습이다. 사람들이 저출산이라고 할 때 떠올리는 것은, 옛날에는 형제가 많았는데 지금은 자녀가 두 명밖에 없다는 것이다. 그러나 한집에 자녀 2명이라는 현상은 역사적으로 볼 때 이미 오래전부터 경험한 것이다.

중요한 것은 자녀가 두 명이라는 점은 같아도 오늘날의 가족과 모차르트 집안과는 자녀의 출생 방식이 근본적으로 다르다는 점이다. 모차르트 부부에게만 한정된 것이 아니라 당시는 〈결혼(한다)-성(교한다)-임신·출산〉이라는 순서로 일이 진행되어, 그 결과 자녀가 탄생했다. 모차르트 집안에서는 9년이라는 짧은 기간에 콘스탄즈가 자녀 6명을 출산했지만, 그 가운데 4명은 죽었다. 즉 살아남은 자녀 2명의 생명의 그늘에는 죽은 4명의 생명이 있었다. 이와 같은 사정은 오늘날의 우리들로서는 상상할 수 없는 끔찍한 일이다. 차례로 자식이 탄생하는 왕성한 번식력의 한 쪽에는 차례로 자녀가 죽어가는 허망함이 자리잡고 있었다.

낮은 영아사망률과 저출산

현재는 어떠한가. '결혼-성性-출산'이라는 순서는 사라졌고, 관련성 또한 끊어졌다. 결혼 전에 성관계를 갖는 것은 보통이고, 섹스를 해도 피임이 가능하여 임신과 출산간의 관련성이 사라졌다. 결혼한 부부인데 섹스리스인 경우도 있다.

이와 같은 상황에서 부부가 낳은 자녀 2명은, '자녀는 두 명만 갖기'로 부부가 결정하여 낳은 2명이다. 자녀가 '2명'이라는 점에서는 모차르트 집안의 경우와 같다. 하지만 결정적으로 다른 것은 자녀의 탄생에 부모의 계획과 의사가 들어갔는지의 여부이다. 오늘날의 자녀 2명이라는 숫자는 부모가 결정한 결과이다. 그것은 낳으면 반드시 키우고, 자녀는 죽지 않는다(극히 낮아진 영아사망률)는 것을 전제로 한 '저출산'이다.

이 변화는 인류역사상 획기적인 것이며 계속되는 임신으로 비애를 느꼈을 여성에게 큰 변화를 가져왔다. 모차르트 부인은 그처럼 계속 출산하는 것을 바라지 않았을지도 모른다. 둘이서 신혼생활을 즐기고 싶었을 것이고, 4명 정도 낳았을 때 자녀는 충분하다고 생각했을지도 모른다. 이것이 무리한 공상은 아니다.

18세기 후반~19세기 초반 영국의 소설가로 뛰어난 작품을 남긴 제인 오스틴은 많은 편지를 남겼다. 그 가운데 지인과 친구를 만났을 때의 일을 언니에게 쓴 편지가 있는데, 매우 인상적인 것은 지인이 임신한 것을 전하는 글귀이다.

1807년 2월 8일~9일
디즈 부인이 계속 아이를 낳는 것은 참으로 탄식할 만한 일이다.

1808년 10월 1일~2일
(티루손 부인은) 불쌍한 사람! 왜 또 임신한 것일까?

―《제인 오스틴의 편지》

친한 지인의 임신을 오스틴은 '축하해요!'라고 받아들이지 못한다. 다른 편지를 들여다보아도 '축하해요!'라며 즐거이 받아들이는 부분은 단 한 군데도 없다. 결혼하면 임신은 자연스럽게 일어나는 일이고, 교회는 자손의 번창을 축복하고 남편도 기뻐했지만 여성 자신에게 임신은 본인의 건강과 생명을 위협함은 물론 양육과 생활의 힘듦을 예상할 때 결코 장밋빛 축복이 아니었다. '탄식할 만한', '불쌍한'이라고 표현한 오스틴의 말은 친한 언니이기 때문에 쓸 수 있었던 말이지만, 당시를 살아갔던 한 명의 여성으로서 진심어린 말이었을 것이다. 9년 동안 무려 6번 넘게 출산한 콘스탄즈 또한 같은 심정이었을 것이다.

그러나 옛날에만 그랬던 것이 아니다. 안전하게 출산할 수 있는 오늘날에도 임신·출산·육아는 여성에게 행복이고 기쁨인 것만은 아니다. 따라서 나중에 살펴보듯이 자녀를 '만들 것인지' 아닌지를 결정하기 위해 자녀와 다른 가치를 비교·검토하는 것이다. 그런 의미에서 상황은 변화했으며, 오스틴의 편지는 오늘날에도 여전히 여성의 진심을 드러내는 글이라고 말할 수 있다.

'얻는 자녀'에서 '만드는 자녀'로

앞에서도 이야기했듯이 예전에 자녀 숫자가 적었던 것이 높은 영유아 사망률의 결과라는 것을 간과한 것은 아니다. 반면 현재의 자녀 숫자는 극히 낮아진 영유아 사망률을 전제로 한 결과이다.

의학의 진보와 더불어 영양과 위생 상태도 좋아져서 영유아 사망률은 전후戰後 비약적으로 낮아졌다. 그 결과 부모가 '낳으면 반드시 키운다'는 확신이 가능해졌고, '자녀 2명으로 풍족한 생활'이라는 생각까지 결부되었다. 의학의 진보는 임신이 어떻게 이루어지는지를 밝혀내 확실하고 안전하게 임신을 조절할 수 있는 기술을 가져왔다. 이 기술이 '자녀 2명'이라는 정책을 위해 활용되었으며, 곧 현실화 되었다.

예전에 자녀는 결혼과 성[性]의 결과로 '얻어지는' 존재였지만, 의학의 발달로 오늘날에는 부모의 의사와 결단으로 '만드는' 것으로 획기적으로 변했다. 이것은 '인구혁명'이라고 말할 수도 있다. 저출산은 단순한 자녀의 수 문제 이상으로 자녀가 태어나는 방식이 결정적으로 바뀐 '인구혁명'이며, 부모자식간의 문제를 생각하는 데에도 매우 중요한 요소이다.

자녀의 출생을 부모의 의사와 결단 아래 두게 된 '인구혁명'은 자녀가 부모의 선택의 대상이라는 것을 의미한다. '아이를 갖는 것'이 선택이라면 '갖지 않는' 것도 선택이다. 또 '언제 가질까' '몇 명 만들까' 등도 부모가 선택해서 결정하는 사항이 되었다. 자녀는 차례로 태어나는 것이 아니라 부모가 결정하여, 결정한 시기에 결정한 수의 자녀를 갖게 되었다. 자녀가 있다는 것은, '얻는다'는 수동적인 것에서 '낳다', '만들다'는 능동적이고 의지적인 행위가 된 것이다.

상대적으로 변한 자녀의 가치

자녀가 '만든다'든가 '만들지 않는다'는 선택의 대상이 된 것에 대해 자녀를 별로 대단치 않은 존재로 생각하게 됐다고 느끼는 사람이 있을지도 모른다. 그러나 본디 자녀의 가치는 무엇에도 견줄 수 없는 절대적인 것이 아니다.

'자녀는 당신에게 어떤 메리트를 줍니까'라는 물음에 대해 개발도상국의 부모들은 '자녀는 일손으로 도움이 된다'든가 '돈을 벌어

가계에 보탬이 된다'고 하는 실용적, 경제적인 가치를 이야기한다. 하지만 일본을 비롯한 선진국에서는 '집안의 분위기가 밝아진다', '사는 보람을 느낀다', '부부의 끈이 강해진다' 등 심리적 가치를 자녀에게 기대하며, 자녀에게 노동력이나 경제력을 기대하지는 않는다. 이처럼 자녀에게 기대하는 것은 사회의 상황에 따라 다르며, 자녀의 가치는 절대적인 것이 아니라 상대적인 것이다.

자녀의 실용적, 경제적 가치가 큰 사회에서는 남자의 가치가 높다. 일본도 예전에는 그러했다. 육체노동이 대부분이어서 남자는 귀중한 일꾼이자 집안 재산의 상속도 부모의 부양도 남자가 책임졌기 때문에, 남자아이의 출생은 환영받았다. 여자아이만 낳으면 '여복女腹(계집아이만 낳는 배, 그런 여자 – 옮긴이)'이라고 무시당하기도 했다. 남자아이에 비해 가치가 낮은 여자아이는 영양 공급이나 질병 치료에서도 남자아이보다 못한 대우를 받았고, 이러한 요인들이 여자아이의 수명이 평균적으로 남자아이보다 짧았던 것과 관련이 있다고 판단된다.

하지만 '자녀는 보물인가요?'라고 물으면 아직도 많은 일본인이 '그렇습니다. 보물입니다.'고 대답할지 모른다. 그럼에도 저출산 현상은 진행되고 있다. '자녀는 보물'이라는 대답은 거짓말은 아니지만, 그렇다고 반드시 진심도 아니다. 자녀를 낳는 이유, 낳지 않는 이유를 보면 알 수 있다.

자녀를 낳을 것인지, 낳지 않을 것인지에 대한 판단은 부모의 선택 사항이 되었다. 그러자 자녀가 부모의 의사나 선택과 관계없이 태어나던(얻는) 때에는 생각할 필요가 없던 것이 부상하였다. 낳을 것인지, 낳지 않을 것인지 혹은 언제 낳을 것인지, 몇 명을

표 2-1   30대 엄마가 첫째를 갖기로 결정한 이유

둘만의 생활을 충분히 즐겼기 때문에
임신과 출산을 경험하고 싶어서
부부관계가 안정되어서
늙었을 때 외롭지 않고 싶어서
생활에 변화가 생겨서
자신의 생활에 일단락을 짓고 싶어서
경제적인 여유가 있어서
일이 궤도에 올라서
도와줄 사람이 있어서
좋은 어린이집이 있어서

출처 : 카시와기 게이코柏木惠子, 에이큐 히사코永久ひさ子, 〈여성에게 자녀의 가치〉《교육심리학 연구》 47권, 1999년

표 2-2   한 명만 낳은 이유

자신의 일을 할 시간이 없어서
또 다시 양육에 매달리는 것이 싫어서
생활의 리듬을 깨트리고 싶지 않아서
태어날 자녀의 건강이 걱정되어서
사회와 지구 환경이 자녀가 살아가기에 좋지 않아서
망설이다가 때를 놓쳐서
이전의 임신과 출산이 힘들어서
자녀가 많으면 돈이 많이 들어서
자녀와 양육을 좋아하지 않아서
교육과 입시를 생각하면 마음이 무거워져서
첫째에게 충분히 해주지 못해서
교육비가 많이 들어서
자녀의 수만큼 마음고생이 클 테니까
남편이 양육에 비협조적이어서
내가 원하는 자녀 수는 한 명이어서

출처 : 카시와기 게이코柏木惠子, 에이큐 히사코永久ひさ子, 〈자녀의 가치 연구〉 (LACCP 보고) 2000년

낳을 것인지에 대한 판단이다. 무슨 일이든 선택할 수 있게 되면 그것이 어떠한 가치를 지니고 있는지, 다른 것과 비교하여 가치가 큰 것인지, 단점은 없는 것인지 등을 생각하게 된다. 자녀를 '만든다'고 결정하는 경우도 마찬가지이다.

자녀를 낳는 이유

부모가 아이 갖기를 결정할 때 고려하는 조건을 보면, 자녀가 절대 가치를 지니지 않는다는 것을 알 수 있다. 표 2-1은 1990년대 30대 엄마가 첫째를 낳을 때 어떠한 점을 고려했는지 조사한 것이다. 이것을 보면 자녀 낳는 것을 결정할 때 부모는 자녀가 어떠한 가치를 가지고 있는가만이 아니라, 자녀 이외의 것과 비교하여 어느 것이 더 중요한지 비교 검토도 한다. 또 자녀를

선택하면 무엇을 잃을 것인지, 즉 자녀를 얻는 것의 단점도 동시에 고려한다.

즉 자녀를 갖는 것에 대해 자신의 일과 경제적 조건, 남편과의 생활 등을 비교 검토하고, 자신들의 생활 조건을 우선으로 생각하고 있음을 보여준다. 자녀를 한 명만 낳은 이유(표2-2)에는 그것이 더 단적으로 드러난다.

이처럼 자녀를 낳을 때 예상되는 다양한 장점과 단점을 고려하여 낳을 것인지, 낳지 않을 것인지를 결정하는 것은 현재 60세 이상의 여성에게서는 생각할 수 없던 일이다. 현재 60대의 여성은 '결혼하면 자녀를 갖는 것이 당연한 일', '다음 세대를 만드는 것은 나의 임무', '집안의 대를 잇는다' 등을 당연하게 생각했다. 이러한 사회적 책임감이 젊은 세대에서는 후퇴하고 있다.

이렇듯 자녀를 선택의 대상으로 만들어버린 '인구혁명'은 자녀의 가치가 상대적이라는 것을 노골적으로 드러낸다. 젊은 세대의 엄마가 자녀를 갖는 이유를 보면 이제까지 잠재적이었던 자녀가 지니는 가치의 마이너스적인 면이 명확하게 보인다. 모차르트 부인과 오스틴의 지인들이 임신했을 때 우려했을지도 몰랐던 것을 지금은 공공연하게 사전에 검토하고, 그런 가운데 '갖는다'는 것도 '갖지 않는다'는 것도 선택할 수 있게 된 것이다.

육아는 엄마의 유한 자원을 투자하는 것

앞에서 말했지만 인간의 번식, 즉 임신·출산·육아는 부모 특히 엄마의 자원을 자녀에게 투자하는 행위이다. 그런데 엄마 자신을 위해서도 필요한 그 자원은 유한하기 때문에 그것을 어떻게 투자할 것인지, 어디에 투자할 것인지가 문제가 된다. 그리고 그것이 잘 되지 않으면 육아와 자신의 욕구 사이에서 갈등이 생긴다.

오늘날 부모들이 자녀를 '갖기' 전에 다양한 여건을 비교·검토하는 것은 한정된 자신의 자원, 즉 시간과 금전, 체력 혹은 정신적·심리적인 에너지를 자녀와 자신에게 어떻게 잘 분배할 수 있는지를 검토하는 것이라고 볼 수 있다.

피임이 기술적으로도 도의적으로도 불가능했던 시대에는 아무리 힘들어도 자녀는 '얻는 것'으로 받아들일 수밖에 없었다. 그렇다고 갈등이 없을 리 없다. 큰 갈등이 예측되는 경우에는 어떤 방법으로든 출산을 피하려고 하거나 태어난 자식을 방기^{方棄}하기도 했다. 이런 것을 생각하면 오늘날 임신 전에 자녀의 가치를 비교·검토하여 가질지 말지를 결정하는 것은 비난받을 일이 아니다. 사전에 검토하여 갈등을 피할 수 있다면 자녀도 엄마도 행복할 수 있기 때문이다.

이 사전 검토가 철저하지 못했거나 혹은 사전에 예측하기 어려운 갈등이 양육 과정 가운데 생기는 경우 육아 불안에 빠질 가능성이 크다. 어쨌든 자녀를 낳아 기르는 것과 자신에 대한 투자가 대립하는 경우에는 해당 여성의 노력만으로는 해결되지 않는다. 애초에 유한한 자기 자원을 자녀와 자신에게 배분하는 갈등 과제가 있기 때문이다.

게다가 그 갈등과 대립이 격화하는 원인은 해당 여성에게 있기보다 대부분은 육아를 둘러싼 사회적 상황에 있다. 육아는 여성의 일이라고 생각하거나 혹은 전력으로 일하는 남자에게 집안일을 맡기는 것이 불가능하다고 생각하는 풍조, 또 여성도 일하는 경우에는 남성과 마찬가지로 모든 에너지를 쏟아 부어 일하는 것이 요구되는 상황. 이러한 상황이 육아를 둘러싼 여성의 갈등을 깊게 만들고 있다.

오늘날에도 출산을 계기로 일을 그만두는 여성이 많은 사회 현실에서 여성은 출산을 선택함과 동시에 사회인으로서 살아가는 길이 좁아지거나 막혀버린다. 하지만 남자는 자녀가 출생한 후에도 대부분 생활이 변하지 않는다. 자녀를 가짐으로써 생기는 남편과 부인의 이러한 거리와 단절은, 여성이 자녀를 '갖는' 결단을 망설이게끔 한다. 육아 중에 이러한 불안과 불만을 체험한 사람은 다시는 이를 반복하고 싶지 않고 자녀는 필요 없다고 생각하게 될 가능성이 크다. 앞에서 살펴보았듯이 자녀를 한 명만 낳는 이유(표2-2)에서도 이러한 실상을 엿볼 수 있다.

생존의 문제에서 심리적 문제로

자녀 가치의 상대화가 진행되는 것과 병행하여 부모에게도 변화가 생겼다. 예전에는 양육 능력 이상으로 자녀가 생기는 것은 자신과 가족의 생사와 직결되는 문제였다. 그러나 오늘날에는 자녀가 우선인가 자신이 우선인가를 결정하는 것은 생사가 걸린 문제는 아니다. 커리어나 취미 등의 활동, 남편과(둘만의) 생활 등 자신의 심리적 만족을 얻을 수 있는 활동과 생활을 미루고 자녀에게 투자할 것인지에 대한 갈등의 문제인 것이다.

예전과는 다르게 풍족하고 생명을 앗아갈 위험이 적어진 사회에서는 자기 생존과 발달의 내용이 변한다. 단순히 생명을 유지한다는 의미에서의 '살아간다'가 아니라 생물학적 생존 이상으로 건강하고 충족감을 지닌 삶, 새로운 경험과 배움으로 매일 성장하는 것을 중요하게 여기는 것이다. 그것이 '살아가고 있다·발달하고 있다'는 것이다.

커리어, 취미생활과 배움, 남편과 둘만의 생활 등은 살아가고 있고, 자신이 성장하고 있다는 실감實感을 주는 것인데, 그러한 생활과 활동을 하려면 돈, 시간, 체력, 노력이 필요하다. 따라서 그러한 것을 자녀가 생겨도 지속할 수 있을지, 경제적인 부분과 시간, 지력과 체력 등을 양쪽에 잘 배분할 수 있을 것인지를 생각한다. 즉 유한한 자기 자원의 배분을 생각하는 것이다. 앞서 보았던 젊은 세대의 엄마가 자녀를 '갖는다'는 결단을 하는 데 고려하는 요인(표2-1)에는 이러한 오늘날의 자기 생존과 발달의 내용이 있다. 예전의 갈등과 비교하여 이것을 사치라고 생각할지도 모른다. 그러나 이것은 풍요로워진 사회가 '살아간다'는 의미를 바꾼 결과이다.

오늘날에는 누구에게나 통용되는 '행복'이라는 것은 중요하지 않다. 모두가 가난했던 시대에는 경제적으로 풍요로운 것이 많은 사람이 공통으로 바라는 '행복'이었다. 그러나 어느 정도 그것이 달성되자 '행복'의 모습도 다양해졌다. 오늘날에는 '주관적 행복감', 즉 '웰빙'이 중시된다.

경제적으로 여유가 있고 다정한 남편과 귀여운 아이가 있어 겉으로는 행복해 보이는 여성이 '생활에 만족할 수 없다', '나라는 사람은 없다', '살아가고 있다는 실감이 나지 않는다'는 불만과 자기부정을 하며 사는 경우가 적지 않다. 반면 경제적으로 여유가 없고 가족도 없지만 건강하고 충실하게 하루하루를 행복하게 보내는 사람도 있다. 일반적인 기준으로 겉만 보고 행복하다 불행하다고 말할 수 없는 것이다.

즉, 당사자가 자신의 현재 상황을 어떻게 보고 있는지─충족감과 행복을 느끼고 있는지, 건강하게 성장하고 있다고 실제로 느끼는지-가 중요하다. 현대인은 이 주관적 행복감을 스스로 느끼는 것이 중요하고 그것을 위해 자신의 자원을 투자하며, 계속 그런 활동을 하고 싶어 한다. 자녀를 '갖는' 이유와 그것을 둘러싼 갈등의 변화에는 이러한 사정이 반영되어 있다.

인간의 행복은 사회 변화에도 영향을 받는다. 사회의 변화로 인해 여성은 아내, 부모가 되는 것 이외에도 취직을 비롯한 다양한 기회를 통해 스스로 충족감과 행복을 맛볼 수 있는 길이 다양해졌다. 사회의 변화가 가져온 새로운 선택지와 자녀를 갖는 선택지를 비교 검토하게 된 것이다.

이처럼 자기 생존과 자아성취가 주는 매력이 크기 때문에 한정된 자기 자원을 자녀에게만 투자하는 것을 망설이기 쉽다. 자녀를 낳은 뒤 여성 혼자서 육아를 책임지는 상황은 이 망설임을 더욱 조장한다. 여성이 느끼는 큰 부담과 자기 발달에 대한 다른 선택지의 매력은 저출산을 가속화하고 있다. 이 문제는 여성 개인의 마음가짐과 노력만으로 해결되기는 힘들다. 이 때문에 사회의 변화와 연동하여 여성의 심리를 적확하게 받아들인 정책이 필요하며 기업의 자세가 중요하다.

정부를 비롯하여 여러 기관에서 저출산을 우려하며 이를 해결해야 한다고 목소리를 높이지만, 그 대책은 과연 타당한가? 저출산을 문제시하는 경우 예를 들면, 이대로는 연금제도가 유지될 수 없다거나 노동력 부족에 이르고 말 것이라는 점이 지적되곤 한다. 그러나 부부가 자녀를 가질지 말지 망설일 때 연금의 재원 확보라든지 사회의 노동력 부족 문제 등을 고민하지는 않는다. 반면 자신의 한정된 자원을 어떻게 투자할 것인지, 자녀에 대한 투자가 자신에게 얼마나 도움이 될 것인지, 자신에 대한 투자가 줄어드는 단점은 없을지에 대한 문제는 진지하게 검토한다. 그것은 주관적 행복감, 웰빙을 크게 생각하여 그것을 확보하고 추구하고자 하는 마음이다.

2. '저출산 시대 양육전략'과 자녀 '양육'

저출산 시대 양육전략'의 정착

현재 생애 출산율이 1.3을 하회할 정도로 저출산은 진행 중이다. 사회의 생활수준은 높아져 '풍요로운 생활'이라는 목표는 이제 설득력이 없어졌다. 그것을 대신하여 등장한 것이 '적게 낳아 잘 기르자'라는 생각, 바꾸어 말하면 '저출산 시대 양육전략'이다. 즉 자녀에게 풍부한 교육 기회와 높은 교육을 받게 하고 싶다는 부모의 바람이 커진 것이다.

자녀의 양육, 특히 높은 교육에는 많은 투자가 필요하다. 자원의 투자가 적으면 자녀의 성장과 발달에 마이너스가 된다. 어릴 때는 주로 부모가 육아를 하기 때문에, 투자 자원은 주로 부모의 심신 에너지와 시간이다. 그러나 높은 교육을 시키기 위해서는 무엇보다도 돈이 필요하기 때문에, 자녀 여러 명이 높은 교육을 받는 것은 무리이다. 하지만 자녀가 적으면 고등교육의 투자가 가능하다. 이러한 암묵의 합의로 저출산 양육전략이 정착했다.

자녀에게 높은 교육을 받게 하려는 것은 단순히 부모의 바람 때문만은 아니다. 그 이상으로 변화한 사회가 높은 교육을 필요로 하고 그것이 진학열을 달구었다. 공업화와 정보화가 진행중인 사회에서는 고도의 지식과 기능을 몸에 익히는 것이 사회생활을 하는 데 필요하고 또 유리하다. 이러한 능력을 갖추지 못한 사람은 사회에서 푸대접받고 살아가기가 힘들다. 사회의 변화가 구성원에게 고등교육으로 지식과 기능을 몸에 익힐 것을 요구하는 것이다.

저출산 시대 이전에는 형제 가운데 대학에 진학하는 것은 장남뿐이었고 그 이외의 자녀는 중학교까지만, 잘하면 전문학교에서 직업 기술을 익히는 정도였다. 여자아이는 아예 학교에 보내지 않는 등 남자아이에 비해 차별적인 처우가 보통이었다. 혼자만 교육을 받은 장남은 그 대신 부모 부양은 물론 형제자매를 돌보는 책임을 졌다. 그러던 것이 사회의 변화로 기준이 변하고, 장남만 고등교육을 시키거나 여자아이에게는 학력이 필요 없다는 생각이 사라졌다. 높은 교육수준, 즉 대학교육을 받게 하는 것이 '자녀를 잘 기르는 것'이고, 그것이 부모와 자녀의 목표가 되었다.

그렇다면 어떠한 '양육良育'이 이루어졌을까. '저출산 시대의 양육良育'으로 자녀는 어떻게 성장했는가.

청소년 범죄는 증가하고 있는가

최근 자녀를 둘러싼 다양한 문제가 눈을 끌고 청소년 범죄도 주목받고 있다. 절도 같은 단순한 범죄뿐만 아니라 사기와 강도, 흉악한 살인 등 청소년 범죄 유형은 다양하며, 범죄자의 연령도 낮아지고 있다. 이제까지 보고 듣지 못했던 잔인한 '부모 살인'과 '형제 살인' 사건도 보도되어 우려를 낳고 있다. 자녀의 위기에 대한 책임은 가정교육에 있다는 주장도 눈에 뛴다.

하지만 범죄백서를 비롯해 통계 데이터를 살펴보면 청소년 범죄가 증가하고 있다는 일반적 인상은 사실과 꽤 차이가 있다. 통계 데이터에 따르면 청소년 범죄가 가장 정점에 이른 것은 1980년~1989년이었고, 그 후 계속 감소하여 최근 10년은 남녀 합하여 13만 건 정도에 머물고 있다(그림2-1. 이와 관련하여 청소년의 인구비율도 같은 경향을 보여준다).

또 해마다 범죄를 저지르는 연령이 낮아진다는 일반적인 인상과는 다르게 청소년 범죄의 정점은 연령대가 높아지고 있는 것으로 보인다. 부모 등 가족에 대한 살인(존속살인)은 성인 쪽에서는 최근 증가 경향이 있지만 미성년의 존속살인은 그 정도로 많지는 않고, 2004년까지는 연간 한 자리 수였다(다만 미성년이 저지른 존속살인은 최근 2~3년간 증가하여 금후의 동향은 뒤에서 언급할 '착한 아이의 반란'과 관련하여 주목할 것이다).

이처럼 청소년 범죄는 감소하고 있지만 한편으로 걱정되는 현상도 있다. 최근 젊은 이들은 타인과의 대립을 극도로 기피하거나 누군가에게 지시받는 것을 기다리는 타입이

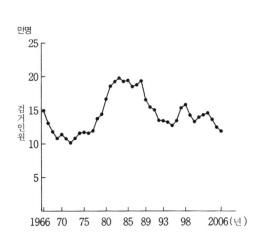

그림2-1 청소년 일반 형법범 검거 인원의 추이
출처 : 법무성 〈범죄백서〉

많다. 대인관계뿐 아니라 공부도 일도 과제에 대한 도전적인 성향은 약하고 활력을 잃어버린 모습이다. 활력을 잃었을 뿐만 아니라 등교 거부과 히키코모리 등 마음을 닫고 자기 안에만 틀어박혀 지내는 문제적인 현상도 일어나고 있다.

이러한 현상은 다른 나라에도 있지만 이 정도로 심하지는 않다. 밖으로 표출되는 공격적·열정적인 행동이 저하된 반면 사회에 등을 돌리고 자신의 내면에만 틀어박혀버리는 경향이 늘어나고 있는 것이다.

'등교거부' 문제

등교거부(부등교^{不登校})는 1996년경 증가하기 시작하여 2001년 정점에 이르렀다가(초·중학교에서 약 13만 8,722명. 문부과학성 〈학교 기본조사〉) 그후 거의 같은 수준을 유지하고 있다. 일본의 아동 청소년에게 이제 등교거부 현상은 특별한 일이 아니라 일정 정도 흔한 일처럼 보인다.

전체적인 증감을 떠나 자녀가 학교에 가기를 거부한다는 것은 부모에게 커다란 충격이다. '저출산시대 잘 기르기 전략'을 택한 부모의 최대 관심사항은 자녀 교육이다. '잘 기르는' 것은 자녀가 높은 학력을 얻는 것이 최종 목적인데, 초등학교나 중학교에서 학교를 그만두면 너무 일찍 출발 단계에서 넘어졌다는 생각이 들고 만다. 이제부터 어찌 될 것인지 암담한 기분이 들고, 어떻게든 해결하고 싶은 것은 당연한 일이다.

부등교^{不登校}는 일찍이 '등교 거부'라고 일컬어졌는데, 대부분 당사자인 아이와 가정에 원인이 있는 것으로 알려졌었다. 엄마와의 분리

불능^{分離不能}이라든지 과보호 등의 결과로 자녀의 자아가 미발달한 것이 원인이라고 생각했다. 그러나 이후 아이가 학교에 가지 않는(또는 갈 수 없는) 이유가 아동에게 있는 것이 아니라 수험제도를 비롯한 교육과 학교 측에 있는 것으로 밝혀졌다. 이것이 계기가 되어 '등교거부'라는 말 대신에 '부등교^{不登校}'란 말이 정착했다.

'잘 기르기'의 부작용, 등교거부

그러나 명칭이 바뀌었다고 해서 문제가 해결되는 것은 아니다. 등교거부의 메커니즘─무엇이 원인인가를 둘러싼 학문적 논의는 지금도 계속되고 있다. 여러 가지 의견이 있지만 '등교거부'가 자녀의 자아 발달과 관계되어 있다는 점에 대해서는 대부분 동의한다.

등교거부가 주로 발생하는 초등학교 고학년부터 중학교는, 자아를 자각하며 삶의 방식과 존재의 의미를 생각하고, 자기정체성을 둘러싼 물음을 던지는 시기이다. 이제까지는 순진하게 부모와 친구들의 의견에 따랐지만 정말 이대로 좋은 것인지, 앞으로 어떻게 살아갈 것인지에 대한 의문이 부상하는 시기인 것이다.

사춘기가 된 자녀가 이와 같은 생각을 하고 고민하는 것을 부모가 모르는 것은 아니다. 그 시기 자신의 경험을 생각해보면 누구라도 이해할 수 있는 문제이다. 그러나 부모는 자녀가 학교에 가지 않으면 그것을 잘 이해해주고 포용해주는 것이 아니라, 원인을 알아내어 해결부터 하려고 하고 초조해할 뿐이다.

등교거부가 가장 많은 초등학교 고학년과 중학교는 모두 진학과 진로의 문제가 커지는 시기로, 자녀는 수험체제에 편입되어 시험과 공부에 쫓기기 시작한다. '잘 기르는 것'이 목표인 부모와 교사의 입장에서는 가혹한 수험 전쟁에서 이기기 위해서 갈팡질팡할 여유가 없고 공부에 집중하여 좋은 성적을 얻는 것만이 자녀에게 좋다고 여긴다.

그러나 자신은 무슨 존재인가란 물음에 눈을 뜬 자녀에게 그러한 것을 강하게 권하는 부모와 교사는 믿을 수 없는 존재로 느껴진다. 거기에 그치는 것이 아니라 먹고 싶지 않은 것을 억지로 먹게 만들려고 하는 존재로 비쳐질 것이다. 이처럼 등교거부는 가정과 학교가 자녀에게 시험과 좋은 학교 진학에 압력을 가하는 것이 원인인 경우가 많다. 물론 지금도 여전한 '이지메' 등도 친구와 어른에 대한 불신을 키우고 학교를 기피하게 만들어 '등교거부'를 증가시키는 요인이다.

변데기 시기의 등교거부 · 히키코모리

이와 같은 상황에서 '나는 누구인가?'란 물음에 사로잡힌 자녀는 자신 안에 틀어박힌다. 공부에 대한 압력이 거세어져, 새로운 자기를 만드는 데 필요한 타자와의 대면이나 다른 의견과 접할 기회를 얻지 못하는 딜레마에 빠진 자녀는 마음을 닫고 자신 안에 틀어박힐 수밖에 없다.

히키코모리나 등교거부를 하는 자녀 가운데에는 이 같은 경우가 적지 않다. 그것은 표면적으로는 사회로부터의 도피와 퇴행이지만, 한편으로는 미성숙한 자아를 재생하는 '고치' 속 시기라고 말할 수 있다. 풍부한 사춘기 임상경험을 바탕으로 히키코모리와 등교거부를 좀 더 성숙한 자아의 탄생을 위한 '사춘기 자폐'로 파악하고, 어른이 되는 과정에서 적극적인 의미가 담긴 것이라는 주장도 있다

(야마나카 야스히로山中康裕, 〈사춘기 자폐〉《현대의 에스프리》3월호, 1979년). 이 책에서는 아이의 물음과 방황을 받아들이고 아이에게 가까이 다가가 옆에서 도와주는 것이 히키코모리와 등교거부를 하는 아이에게 임상가가 할 수 있는 일이며, 해야 할 일이라고 지적한다. 이것은 일상에서 이루어지는 대인관계를 통해 해소할 수 있지만 오늘날에는 상담가 등 전문가의 힘을 빌릴 수도 있다. 일종의 보상교육補償敎育(불완전한 교육의 보충 혹은 교육 조건을 개선하는 것. 시각 장애 학생에게 청각을 통하여 시각의 결함을 보완해 주는 교육은 보충의 의미에서의 보상 교육이다. 문화 결핍아에 대한 보상 교육으로는 1960년대 중반 영국의 플라우든 보고서 권유로 실시된 저소득층 대상의 교육 활동과, 미국의 헤드스타트 프로그램 및 폴로 스루 프로그램Follow Through Program, 1980년대 초반부터 설립된 우리나라의 새마을 유아원 등이 이에 해당한다)이라고도 말할 수 있다.

자신의 문제를 전문가의 힘을 빌어 스스로 해결하는 것은 중요하다. 그렇지만 왜 문제가 일어나는 것인지, 그 근본에도 눈을 돌려 개선하려고 노력해야 한다.

등교거부와 히키코모리 현상은 초등학교든 중학교든 주로 남학생에게 나타나는 경향이 많은데, 이것은 '대학 정도는 가야지', '좋은 학교에 가야지' 등 진학 압력이 남학생에게 더 강하게 가해진다는 것과 무관하지 않다. 오늘날에도 일본에서는 자녀를 어디까지 공부시키고 싶은지 물으면 '남자아이는 반드시 대학까지' '여자아이는 전문대 정도면'이라는 대답이 적지 않다. 이것은 눈에 띄는 성차별로 다른 선진국에서는 보기 힘들다.

실제로 2007년 기준으로 보면 4년제 대학진학률은 남자는 53.3%, 여자는 40.6%로 큰 차이가 난다. 오늘날에도 여자는 교육기회에서 차별을 받고 있다고 말할 수 있지만, 역으로 말하면 남자 아이는 남자 아이이기 때문에 높은 학력, '좋은 학교'에 진학할 거라는 부모의 기대와 강한 압박을 받는다는 것을 의미하기도 한다. 예를 들어, 한 조사에 따르면 일본에서는 아들이 대학에 진학하기를 바란다는 부모는 51.6%, 딸의 경우는 37.7%였다(국립여성교육회관 〈2004년·2005년 가정교육에 관한 국제 비교조사보고서〉 2006년). 같은 조사에서 학력 기대에 남녀차가 없는 미국, 한국과 크게 다르다. 자신의 희망과 특질을 고려하지 않고 어쨌거나 '대학 정도는', '좋은 대학에'라는 압력이 가해지는 아들에게는 딸과 같은 자유가 없다. 이것도 남학생에게 등교거부 현상이 많다는 사실과 관계가 없는 것은 아닐 것이다.

대인관계 스킬 부족의 원인

최근 유니세프가 발표한 선진국의 초·중학생에 관한 조사에 따르면, 일본의 아이들이 '고독감을 느끼는' 것이 다른 나라에 비해 두드러지게 많았다(유니세프 이노센트 리서치 센터^{Unicef Innocenti Research Centre} '아동 빈곤 : 부자 나라의 아동 웰빙에 대한 개관^{Child poverty in perspective : An overview of child well-being in rich countries}'2007). 또 대학생 가운데 46%가 '이야기할 사람이 없다', '상담할 상대가 없다'고 대답했다(《학생생활실태 조사집계보고서》일본사립대학연맹, 2007년). 고립되고 빈약한 대인관계가 히키코모리와 같은 문제를 일으키는 것은 아닐까.

히키코모리와 등교거부 등의 현상은 사춘기 때 처음 나타나는 것이 아니며, 어린시절 양육과정에서 그 원인을 찾을 수 있는 경우도 있다. 대부분 아기가 태어나면 3년 정도는 엄마가 기른다. 하지만 아빠가 육아에 참가하지 않는 경우가 많아 아기는 대부분을 엄마하고만 생활한다. 엄마가 아기를 보호하고 기르는 것 자체가 나쁜 것은 아니지만 엄마만 접촉하는 자녀는 인간관계가 한정되고 다른 사람과 교류하는 기회가 극히 적어서 자녀에게 결코 좋은 환경이 아니다.

공원에서 놀고 있는 아이를 엄마가 지켜보는 풍경을 자주 볼 수 있다. 어린 자녀가 또래 친구와 놀 기회를 만들어주고 그것을 엄마가 지켜보는 전형적인 풍경이다. 그렇지만 자녀가 타자에 대한 관심과 교섭 능력을 기르는 것을 방해하는 경우도 많다. 자녀가 놀 때 엄마가 별것 아닌 일에도 바로 아이에게 손을 내밀거나 제지하는 등 놀이에 끼어들기 때문이다. 조금은 자녀가 스스로 하도록 맡겨두는 게 좋은데 부모의 개입이 너무 빠르고 과도하게 많은 것이다.

4장에서 자세히 서술하겠지만, 자녀는 유아 때부터 또래아이에 대한 호기심이 많으며 또래아이들과 사귀는 능력이 있다. 또 어른보다 자기와 같은 또래아이에게 관심이 많으며 또래친구와 교류를 원한다. 그리고 또래친구와 어울리면서 타자와 어떻게 밀고 당기면서 관계를 맺는지를 몸에 익힌다.

양육을 맡은 엄마는 책임을 다하여 자녀를 돌보고, 자녀에게 '좋은' 경험과 환경을 제공하려고 한다. 그 결과 자녀 보호를 무엇보다 중요하게 여겨, 자녀가 본래 지닌 타자에 대한 관심과 타자와 관계하는 능력을 발휘할 기회마저 박탈해버리고 만다. 타자와 관계를 피하고 안으로 웅크리고 있는 고치 속 번데기와 같은 상태는, 타자와

그림 2-2 하나이찌몬메(아이들의 놀이로, 두 그룹으로 나누어서 노래를 부르며 가위바위보를 해서 이긴 쪽이 상대방의 아이를 데려간다).

관계하는 능력을 길러주지 않은 어린 시절 부모의 지나친 보호와 관계가 있다.

부모가 원하는 '사회성'의 내용

유치원에 입학하는 첫 번째 목적은, 부모나 교사 모두 '사회성을 몸에 익히기 위해서'라고 말한다. 그런데 이 '사회성'이란 무엇인가. 친구들과 사이좋게 지내고, 잘 놀고, 제멋대로 행동하지 않고, 다른 사람을 귀찮게 하지 않는 등 집단에서 다른 사람과 협조하는 것이 일본의 부모와 선생들이 생각하는 사회성의 주요 내용이다.

자신의 의견을 타인에게 주장하고 자신의 의사를 집단 가운데서 표명하는 리더십을 획득하는 것도 '사회성'이지만, 이러한 면은 2차적인 것이 되기 쉽다. 자신을 억눌러 다른 사람을 살리고, 자신은 참아도 집단의 어울림(和)을 중요하게 여긴다. 이것은 일본 엄마들이 자녀에게 기대하는 첫 번째 사회성으로, 일본의 '사회성'의 중심 이념이라고 할 수 있다.

각 나라의 다섯 살 어린이에게 그림 2-2 같은 장면(하나이찌몬메)에서, 밖에 있는 아이가 놀이하는 아이들 그룹으로 들어가고 싶으면 어떻게 하면 좋은지 물어보았다. 그러자 미국과 영국 아이들은 직접적으로 "'들어갈게'라고 말해요."라고 대답했지만, 일본 아이들은 그런 답을 하지 않았다.

"놀이하는 아이들이 놀이에 참가하고 싶어하는 아이를 알고 있나요?", "놀이가 방금 시작했나요? 아님 한참 전에 시작했나요?", "남자애들만 있는 건가요?" 등을 질문했다. 질문에 대한 대답에 따라 자신의 대답은 달라진다. 놀이가 막 시작되었다면 자신이 들어가서 방해가 되지 않을까, 여자아이가 아니면 남자아이들은 싫어할지도 모른다 등등을 먼저 생각하는 것이다.

놀고 싶다, 들어가고 싶다면 솔직히 '들어갈게'라고 말하는 서구의 아이들과는 차이가 있다. 들어가고 싶어도 그렇게 말하지 못하고 놀고 있는 아이들에게 방해가 되지는 않을까를 우선 생각하는, 즉 '어울림(和)', '사이좋음'이 중요하다는 태도를 어릴 때부터 몸에 익힌 것이다.

이처럼 '어울림'을 중요시하는 일본의 풍토에서 다른 사람들과의 차이는 곧 나쁜 것이 되기 쉽다. 사람들은 모두 제각각 다르며, 서로 다르기 때문에 그것이 의미가 있고, 가치가 있다는 것을 인정하는 것은 쉬운 일은 아닐 것이다.

자녀의 문제행동과 부모의 태도

어떤 이유에서든 자녀에게 문제가 생기면 부모의 교육에 문제가 있다고 생각하는 것이 일반적이다. 최근에는 특히 부모와 가정의 책임을 묻는 목소리가 커보인다. 그러나 부모 자식 관계와 부모의 훈육만으로는 자녀의 문제를 해결할 수 없는 경우가 많다. 오히려 자녀가 성장할수록 부부의 관계, 즉 아빠와 엄마가 어떻게 살아가는가, 부부로서 어떤 관계이며 사이가 좋은지 그렇지 않은지 등이 자녀의 문제행동의 배경이 되는 경우가 많다. 등교거부의 경우도 마찬가지이다.

다음 나오는 초등학교 5학년 남자아이의 등교거부 사례는, 자녀의 등교거부가 부부로서 부모의 모습, 가족의 모습과 깊이 관련되어 있음을 시사한다(카시와기 게이코[柏木惠子], 히라키 노리코[平木典子] 《일본 가족의 심리학》).

먼저 상담을 받으러 온 이는 엄마였다. 자신이 자녀의 교육을 맡고 있고, 아빠는 일 때문에 올 수 없다고 말했다. 상담이 진행되면서 상담가의 제안에 따라 아빠도 상담을 받으러 왔다. 그런데 자녀의 등교거부 원인에 대해 엄마와 아빠의 의견은 너무나 달랐다. 아빠는 부인의 과보호와 지나친 간섭으로 인해 아이가 남자답지 않고 의존성이 강하고, 그것이 등교거부의 주원인이라고 말했다. 엄마는 남편이 일 때문에 귀가가 늦고, 일요일에도 골프를 치거나 출근을 해 가족에 관심이 없어 자신이 혼자 가족을 위해 일한다고 말했다.

자녀와 시간을 가져보라는 상담가의 권유에 따라 아빠와 아들은 오랜만에 같이 축구 등 운동을 하며 시간을 보냈다. 그러나 아빠가 아들을 과하게 훈련시키는 모습을 보면 엄마가 항의했고, 남편은 부인이 자녀를 과보호한다고 반박했다. 이렇게 아들에 대한 교육방식을 둘러싸고 부인과 남편의 갈등이 커지자 아이는 계속 학교에 가지 않았다. 부인은 걱정과 불안에 시달리고, 남편은 일이 바빠 일요일에도 집을 비우는 상황이 계속되었다.

그런 가운데서도 부부는 함께 계속 상담을 받았고, 상담시간은 부인과 남편이 천천히 대화할 수 있는 장場이 되었다. 상담 초기에는 자녀에 대한 상대방의 훈육방식과 태도를 놓고 대립하고 공격했지만 점점 부부문제가 중심으로 떠올랐다.

부인은 "남편은 회사에서 무슨 일이라도 맡기면 다 떠맡는, '노'라는 말을 할 줄 모르는 사람"이라고 비판하면서 "가족의 일원으로서 아이의 장래를 생각한다면, (일만 하는 게 아니라) 아버지로서 맡은 바 임무를 다해야 한다."고 요구했다. 그러자 남편은 회사 사정 때문이라고 변명하면서도 부인의 요구를 인정하고, 이제까지 자신의 태도를 '반성'하면서 변하는 모습을 보였다.

부부간 관계가 변하자 이들 부부와 자녀의 관계에도 변화가 생겼다. 예전에는 아들을 과보호하는 부인과 경쟁이나 하듯이 아들을 맹훈련 시키던 남편의 모습이 점차 누그러지기 시작했다. 그리고 직장에서 일어난 일도 이야기하고 출장 중에 연락하는 것은 물론이고 아들의 담임교사와도 연락했다. 부모가 변하자 아이도 상담에 참가하고 학교에 가게 되었다.

상담을 끝낸 부부는 나중에 "내가 없어도 회사가 돌아가네요." "가족을 돌보는 사람은 오직 나뿐이라는 생각에 아이를 과보호했던 것 같아요."라고 말했다.

부모부부 관계에 대한 문제제기로서의 등교거부

방금 소개한 예는, 부부 각각의 가정교육에 문제가 있었다기보다 그동안 당연시했던 '남자는 일, 여자는 가정'이라는 분담이 자녀와 부모의 관계를 왜곡한 결과였다고 말할 수 있다. "아이가 별일 없이 학교를 잘 다녔다면 우리 집은 어떻게 되었을까…, 힘들었지만 등교거부를 택했던 아이에게 오히려 고마움을 느낀다."고 엄마가 말한 이유이다. 자녀의 등교거부가 부부의 문제에 대해 경종을 울렸던 것이다.

자녀와의 관계를 둘러싸고 남편과 아내의 인식이 어긋나는 경우도 문제이다. 남편은 대부분 "(나는) 육아에 참여하고 있다."고 말하고, 부인은 "남편은 육아를 하지 않는다."라고 말한다. 이러한 부부의 대립은 자녀의 정서적 안정을 해치고 나쁜 영향을 준다.

등교거부를 넘어 자녀에게 문제가 생기면 부모의 교육이 잘못되었다거나 부모-자식 관계에 문제가 있다는 비판을 하기 쉽다. 그렇지만 방금 이야기한 경우에서 볼 수 있듯이 자녀에게 일어나는 문제 대부분은 부부간의 문제에 원인이 있는 경우가 많다.

부모 자신은 눈치 채지 못하는 부부간의 문제가 자녀를 정서적으로 힘들게 하고, 그것이 등교거부와 같은 문제 행동으로 분출되어 나타나는 것이다. 이는 자녀가 부모를 정확히 인식함은 물론 부부 관계에 문제가 있음도 간파하고 있다는 것을 가르쳐준다. 당사자인 부부 이상으로 문제의 핵심을 파악하고 있는 자녀의 정확한 시각과 현명함에 놀라게 된다.

3. '착한 자녀의 반란'이 의미하는 것 – 부모·자식 간의 갈등

'착한 자녀의 반란'

자녀의 문제는 무단결석과 히키코모리뿐만 아니라 부모·형제에 대한 폭력이나 '존속 살해'로도 나타난다. 그런데 이런 끔찍한 범죄를 저지른 아이들이 평소 특별한 문제아가 아닌 경우가 대부분이라는 데 사태의 심각성이 있다. 아이의 평소 모습을 아는 사람들은 평범한 아이, 착한 아이라면서 사건을 일으킨 사실을 이해할 수 없다고 말한다. 이것이 '착한 자녀의 반란'이라고 할 수 있는 현상이다. 실제 최근 일어난 사건을 보면 사회 경제적으로 풍족한 가정에서 사건이 많이 일어났다는 점이 눈길을 끈다. 특히 숫자 자체는 그렇게 증가하지 않았지만 사건의 흉포함 때문에 주목을 받았다.

요즘 부모들은 '한 자녀 잘 키우기 전략'을 실천하고 있다. 자녀에 대한 교육투자는 저출산 현상과 비례하여 증가하고 있다. 최근 이루어진 가계 조사를 보면 그것은 확실하다.

그렇다면 자녀에 대한 투자 증대는 자녀 발달의 성과를 높여줄 것인가. '저출산 시대의 자녀 잘 기르기'는 성공하고 있는 것일까. 이에 대해 '예'라고 말할 수는 없을 것이다. 무단결석과 히키코모리, 부모에 대한 자녀의 폭력 등의 사건이 사회적, 경제적으로 윤택한 가정에서 두드러진다는 것은 이 같은 투자의 성과에 의문을 갖게 한다.

즉 부모가 자원 투자를 많이 한다고 해서 반드시 자녀가 '잘' 자라는 것으로 이어지지는 않는다. 투자는 양이 많다고 무조건 좋은 것이 아니다. 그것만으로는 성과가 좋아지지 않는다. 자녀의 교육에 부모가 어떻게 관여하는지, 즉 정성을 어떻게 쏟는지가 중요하다. '가정교육 상실'이라는 비판도 양이 아닌 질의 문제로 받아들여야 한다.

아이를 '만드는' 시대의 육아 문제

'저출산 시대 잘 키우기 전략'은 부모가 자녀를 '만드는' 대상으로 인식하면서 출발했다. '만드는', 즉 부모의 능동적인 의사와 결단이 자녀의 출생 여부와 시기를 결정하면서 자녀에 대한 부모의 태도와 행동에도 영향을 미쳤다.

이전 시대의 부모는 자신들의 의사와 결단에 관계없이 태어나는 자녀를 신이나 하늘에서 얻는 존재로 받아들이고, 수탁자로서 양육했다. 그러나 이제는 '만들지 않는' 선택을 할 수도 있는 가운데, 스스로 '갖는다'고 결정하여 '낳는' 자식은 부모의 '소유물'과 같은 존재가 되기 쉽다. 자신이 적극적으로 판단하고 결정하여 낳은 자녀에 대해 부모는 담담할 수가 없다. 강한 사랑과 함께 적극적으로 관여하게 되며, 그러한 태도는 자녀에 대한 고액의 교육투자비 지출로 이어진다. 그러나 자녀에 대한 강한 사랑은 투자의 양이 늘어나는 것에 그치지 않는다. 양 이상으로 투자의 질, 즉 '잘 기르는 것'의 내용과 타이밍도 크게 바뀌었다.

자녀가 문제를 일으키면 '부모의 교육이 부족하다'든가 '좀 더 교육을 철저하게'라는 말을 주변에서 하곤 한다. 하지만 부모의 교육이라든가 교육의 양은 이전과는 비교할 수 없을 정도가 아니라 과잉이라고 말할 정도로 많다. 문제는 '잘 기르기'의 내용이다. 부모는 자녀가 어떻게 성장하기를 기대하는가, 자녀에게 필요하다고 생각하는 것을 어떠한 시기에 주었는가, 그리고 그때 자녀의 조건은 어느 정도 고려했는가 등이 중요하다. 덧붙여 양육을 하는 사람이 안정된 마음으로 자녀를 돌보는 것이 중요하다.

'과보호 육아'의 급속한 확산이 초래하는 것

그렇다면 구체적으로 자녀에게 어떤 질적 투자가 이루어지고 있는지, 또 그것이 양육에 어떤 영향을 주고 있는지 살펴보자. 우선 지적할 수 있는 것은 이른바 '과보호 육아'의 급속한 확산이다.

　　다양한 사회의 육아를 비교 연구한 한 문화인류학자는 '과보호 육아'가 일본 육아의 독특한 특징이라고 말한다(하라 히로코原ひろ子, 아즈마 히로시我妻洋 《가정교육》, 弘文堂, 1974년). 서구에서는 아이들도 자신이 원하는 바를 상대(타인은 물론 부모에게도)에게 확실히 표현하도록 교육받는다. 말하지 않고 가만히 있어서는 안 되며, 자기 주장은 꼭 필요하고 중요한 힘이라고 배운다.

　　반면 일본에서는 '말하지 않아도 알 수 있는' 관계가 좋다고 간주되는데, 부모와 자식 관계 특히 어린아이를 양육하는 엄마와 자녀의 관계에서 이런 경향이 강하다. 엄마는 아이가 무엇을 원하는

---

* '과보호 육아'는 '先回り 育兒'를 우리 말로 옮긴 것으로, '先回り'는 아이가 어떤 행동을 하기 전에 부모가 전부 먼저 해주거나 아이의 말을 듣지 않고 부모가 필요하다고 생각하는 것을 먼저 이렇게 하라고 이야기하는 등의 과잉 행동을 의미한다.

지 무엇이 필요한지 세심하게 관찰해서, 아이가 미처 스스로 느끼지 못해 요구하지 않아도 그것을 해준다. 이와 같은 태도는 엄마뿐만 아니라 상대가 무엇을 원하는지 '미리 살펴 헤아림'을 중요시 하는 사회의 인간관계의 특징이다.

아직 말을 못하는 영유아를 기르는 경우 이 '미리 살펴 헤아림'은 더욱 중요하다. 이때 놓쳐서는 안 되는 것이 자녀의 상태를 정확히 관찰하는 것이다. 정확한 관찰을 통해서만 자녀에게 꼭 필요한 도움과 자극을 제때 줄 수 있기 때문이다. 예를 들면, 아이에게 책을 읽어주는 경우에는 아이의 시선을 보면서 또 아이가 말하는 것에 반응하면서 읽는 것이 중요하다. 이렇게 하면 아이는 책에 있는 내용보다 더 많은 것을 배운다. 또한 자신의 관심과 의문을 받아주고 대응하며 응답하는 부모에 대한 신뢰도 생긴다.

이처럼 일본에서는 육아에서도 보호자가 '미리 살펴서 헤아리는' 경향이 강하지만, 스스로 '만든' 자녀에 대한 부모의 과도한 집착으로 인해 오늘날 이 '보살펴 헤아림=과보호'는 더욱 일반화되고 있다. 아이가 원하거나 필요할 것이라고 생각되는 것을 미리 해주는 속도뿐만 아니라 양도 증가해서 육아의 양태를 변화시켰다.

자녀가 한두 명뿐인 요즘 부모의 최대 과제는 자녀를 '잘 기르는 것'이어서, 돈을 비롯해 심신의 에너지를 쏟는 것을 아끼지 않는다. 가사에 많은 에너지와 시간이 들던 시대에는 부모가 자녀에게 들이는 시간과 에너지가 한정되었다. 또 자녀의 수가 많아서 자녀 한 명한 명에게 들일 수 있는 에너지는 더욱 한정되었다.

그러나 오늘날에는 가사의 기계화로 자녀에게 투자할 수 있는 부모의 심신의 에너지가 증가했으며, 부모의 노동력과 돈이 자녀에게 대량으로 투입되어 '과보호 육아'는 더욱 가속화되었다. 피아노, 수영, 영어 등의 조기교육은 그 전형이다. 하루하루 자녀를 대하는 부모의 대응에서도 이 경향이 인지된다. 요즘 부모가 자녀에게 가장 많이 하는 말은 "빨리, 빨리"이다. 이 말은 자녀의 적성이나 관심을 고려하지 않고 부모가 계획한 목표와 일정에 자녀를 무리하게 맞추겠다는 것에 다름 아니다. 자녀에게 정말 필요한 보살핌과 도움이 아닌 과잉 보살핌이 많아진 것이다.

이미 서술한 것처럼 '관심과 배려'가 효과를 발휘하기 위해서는 자녀에 대한 정확한 '관찰'이 중요하며, 이것이 없이는 '관심과 배려'의 효과가 나타나지 않는다. 자녀가 무엇을 원하는지, 어떠한 마음인지 등을 부모가 정확히 '파악'하는 것이 전제되어야 한다. 아이가 물을 원하는데 우유를 마시도록 하면, 아이는 부모가 자신을 잘 알지 못한다고 느끼고 부모에 대한 불신이 생긴다. 자녀를 생각하는 마음에서 비롯한 것일지라도 그것은 역효과를 불러올 위험이 크다.

교육 투자는 양이 아니라 질이 중요

어린 자녀뿐 아니라 학교에 다니는 자녀를 둔 부모의 교육적 영위(일을 계획하여 꾸려나가는 것_옮긴이)에도 정확한 '관찰'이 부재한 경우가 많다. 왜 그렇게 되었을까. 그런데도 부모는 무엇을 근거로 자녀에게 알아서 해주는 것일까. 그것은 그저 '잘되라'는 부모의 바람에 기초한 계획일 뿐이다.

부모는 자식에게 꿈이 있으며 자식의 장래를 기대한다. 그것은 당연한 일이다. 자녀 역시 부모에게 수용되고, 긍정적인 평가를 받을 때 안정감과 자신감을 지닐 수 있다.

하지만 부모의 꿈과 기대가 학교 성적이 상위권이어야 한다든가, 'OO대학 합격' 'OO회사 입사' 등으로 획일화된 것은 문제가 있다. 이와 같은 꿈이 모든 자녀에게 적합하고 타당한 것은 아니기 때문이다. 부모의 꿈과 기대가 자녀의 꿈과 개성에 맞지 않는 경우 자녀를 구속하고 압박해서 마이너스로 작용할 위험도 매우 크다. 모든 사람에게 적합한 교육의 목표와 방법은 이 세상에 없다. 어떠한 방법이든지 아이의 특성과 맞지 않으면 효과가 없다. 이것은 교육심리학 연구가 시작되었던 초기에 이미 밝혀진 사실이다.

어느 세대나 부모는 자녀에게 꿈과 기대를 품었다. 꿈이란 본디 어렴풋하고 모호한 것이지만, 오늘날 부모가 자녀에게 품는 꿈은 '좋은 대학'에 진학하여 사회적으로 '성공'한 사람이라는 획일적인 것이 되어버렸다. 그러한 부모의 꿈은 자녀에게 강한 압박을 준다. 자녀의 개성, 희망과는 상관없는 부모의 꿈이기 때문이다. 자녀가 무엇을 원하는지, 어떠한 개성을 가졌는지에 대한 성찰이 없는, 즉 정확한 '관찰'을 결여한 지나친 과보호인 것이다.

이러한 '과보호 육아'의 가속은 자녀를 '만드는' 시대의 산물이다. 여러 상황과 조건을 비교·검토해 갖기로 결정해서 태어난 아이는 부모에게 각별한 존재, 절대적인 '보물', '무엇과도 바꿀 수 없는 소중한 보배'로 부모의 '소유물'처럼 되기 쉽다. 이 같은 '과보호 육아'는 부모에게 절대 가치를 지니게 된 '보물 같은 소유물', 곧 자녀를 갈고 닦아 그 가치를 더욱 높이려는 것으로 보인다. 자녀를 '만드는' 시대는 부모의 교육에 대한 열의를 이처럼 변화시켰다.

자녀를 생각하지 않는 부모의 '잘 되라'

부모는 자녀에게 '다 너 잘 되라고 이러는 것이다', '언젠가 너도 알게 될 거다'는 말을 자주 한다. 지금은 아이가 알지 못하지만 자신의 경험과 아이에 대한 애정에서 그렇게 한다는 논리로 자녀를 자신의 뜻대로 움직이려고 하는 말이다.

'정확한 관찰'을 결여한 '과보호 육아'는 '좋은 학교'에 대한 지향에 그치지 않는다. 예전에는 음악교실 등이 유행했지만 오늘날에는 그 이외에 운동까지 잘하는 아이로 키우려는 욕심에 수영을 가르치고, 영어 발음은 어릴 때 습득하는 것이 유리하고 국제화 시대이니 영어를 배워야 한다며 유아 때부터 영어 레슨을 시키거나 학원에 보내는 경우가 많다. 이러한 것은 자녀의 희망이 아니라 부모의 지향, 자녀가 '잘 되라'는 마음에 기초한 것이다. 좋은 의미에서 아이를 위한 것이라 해도 자녀의 입장에서 보면 부모 마음대로 결정한 것이고, 자신의 성장과는 연동되지 않는 것이 많다.

대체 왜 이렇게 자녀를 몰아대는 것일까. "○○도 하고 있어", '○○ 집에서도 시키고 있대'라는 타자 지향, 혹은 다른 집 자녀에게 뒤지고 싶지 않다는 부모의 바람 때문에 자녀를 몰아세우는 경향이 눈에 띈다. 그러나 자신의 자녀가 무엇을 좋아하는지, 어떠한 개성을 지니고 있는 아이인지 무엇에 열중하는지 등을 찬찬히 보지 않고, 다른 아이와 비교하고 부모의 이상에 맞추려는 것은 자녀의 인격을 인정하지 않는 것과 마찬가지이다.

'착한 아이'의 반란, 순종에서 반항으로

어릴 때는 부모가 말하는 것을 고분고분 잘 들을지도 모른다. 아이들은 부모 말을 잘 듣고 고분고분한 아이가 좋은 아이이고, 말대답하는 것은 잘못된 행동이라고 배운다. '잘 되라'는 말을 말 그대로 받아들이는지도 모른다. 아이는 부모 없이 살 수 없기 때문에, 문자 그대로 생사여탈에 대한 권한을 가진 부모가 말하는 것을 그대로 받아들이는 것이다. 그렇지만 성장하면서 자신의 의사와 관심을 알고 표현할 수 있게 되면서, '잘 되라'는 부모의 말은 자녀에게 억압으로 작용하여 오히려 문제를 초래하기도 한다.

아이의 성장에 맞춰 부모가 간섭을 조금씩 줄여가면 자녀와 부모간 대립은 잘 생기지 않고 설혹 대립이 생기더라도 심각하지 않다. 그러나 아이에 대한 부모의 기대가 커 '잘 되라'는 압박을 계속 가하면 '잘 되라'는 부모의 선의는 자녀에게 자신을 무시하고, 자신의 길을 가로막는 폭력으로 비친다. 그리고 '잘 되라'는 부모의 지도는 자녀에게 반격 당한다. 부모 말을 고분고분하게 따르던 '착한 아이'가 어느 날 갑자기 돌변하는 것이다.

부모의 '잘 되라'가 자녀에게 '부드러운 폭력'이 되고, 그 폭력을 물리치기 위해 아이가 과도하게 폭력적인 모습을 보이게 되는 경우다.

'착한 아이의 반란'을 수없이 보아온 정신의학자 사이토 마나부齋藤學는 그것이 부모의 꿈과 기대에서 비롯된 것일지라도 자녀의 의사나 바람에 반하고 자녀의 적성에 맞지 않는 경우 그것은 '사랑이라는 이름의 지배'가 된다고 지적한다. 앞에서 이야기한 등교거부 경우도 그렇고, 부모에 대한 반항과 대립 그리고 폭력적인 행위는 부모에 대한 이의제기인 경우가 많다.

무엇이든 최대한 해주어야 할까?

일본에서는 자녀에게 '최대한 해주는 것'이 부모의 애정이고 의무라고 생각한다. 그러나 이러한 사고방식은 서구에서는 찾아보기 힘들다.

예를 들면, 일본에서는 자신이 사는 지역의 대학에 입학하면 집에서 통학하는 것을 당연하게 여긴다. 그렇지만 서구에서는 자신이 사는 지역 내의 대학에 입학해도 자녀는 집에서 나와 기숙사에 들어가든지 독립해서 자취를 하는 것이 보통이다. 대학생이 되면 부모에게서 독립해서 생활해야 한다고 생각한다. 하지만 일본의 부모는 가능한 자녀와 함께 살면서 식사를 챙겨주는 등 돌봐주고 싶어 한다. 자신이 해줄 수 있는 것을 최대한 자녀에게 해주고 싶어 하는 것이 일본의 부모이다. 대학생이 되면 자식을 독립시키고, 자식도 부모에게 의지하지 않고 스스로 살아가는 서구의 태도와는 커다란 차이가 있다.

물론 여기에는 일본 특유의 사회 배경도 있다. 예를 들면, 국토가 좁아서 도시의 주거비가 비싼 것도 자녀가 부모 집에서 계속 생활하게 만드는 요인이다. 학생이 자립하여 생활하는 것도 힘들고, 부모도 학비에 더해 비싼 주거비까지 대는 것이 힘들기 때문이다.

그러나 부모와 함께 살면서 주거만이 아니라 자신과 관계된 모든 일을 부모에게 의존하는 생활이 지속된다. 직장에 다니면서 부모 집에서 사는 성인 자녀와 부모의 관계에 대한 연구(미야모토 미치코宮本みち子 〈포스트 청년기와 친자 전략〉 勁草書房, 2001년)에서 밝혀진 것에 따르면, 부모가 자녀에게 '최대한 해주어야 한다'는 생각이 너무 지나친 데다가 오랜 기간 지속되는 것이 현재 일본의 부모-자식 관계의 특징이다. 다른 말로 하면 부모에 대한 의존을 전

제로 자녀의 고학력화와 더불어 취직 후에도 과중한 노동이 성립한다.

부모가 '최대한 해주는 것'이란 방침은 예전에는 그런대로 좋은 것이었다. 대부분 가정이 지금보다 가난했으며 자녀도 여러 명이어서 한 명 한 명의 자녀에게 해줄 수 있는 것은 뻔했다. 형제가 4~5명이 보통이던 시대에는 개인 방을 갖는 것도 힘들어서, 형제 모두 같이 사용하는 방이 있는 것만으로도 자녀들은 대만족이었다. 요즘과 비교하면 장난감과 책, 옷 등 모든 것이 부족해서 형제가 나누어 쓰거나 물려받아 사용하였다. 학교를 졸업한 자녀는 집을 떠나 일을 하거나 시집을 가는 등 자립하여 부모 집에서 독립하는 것이 당연한 일이었다.

그러던 것이 요즘은 자녀가 많아야 한두 명이고 예전보다 부모의 경제력도 좋아져서 자녀들은 각자의 방이 있으며, 교육비도 부족하지 않다. 또한 가사의 기계화로 이전보다 시간이 여유로워지자 부모가 자녀에게 좀 더 관심을 갖게 되고 그 결과 과보호·과잉간섭이 생겨났다. 게다가 자녀를 보호하고 간섭하는 기간이 길어지고 있다.

이렇듯 지나친 부모의 간섭과 아이의 의사와 희망을 무시하는 경향은 자녀에게 '사랑이라는 이름의 지배', '부드러운 폭력'이 되는 위험을 내포하고 있다. '최대한 해주는 것'이 부모의 애정이라는 관념은 생활이 풍족하지 않고 자녀가 여러 명 있던 시대에는 어느 정도 순기능을 하였지만, 경제적으로 풍족해진 저출산 시대에는 역효과를 넘어 폐해가 되고 말았다.

교육 리스크를 어떻게 볼 것인가

'저출산 시대 잘 기르기 전략'을 추구하는 가족의 최대 관심사는 자녀 교육의 성공 여부이다. 이것으로 자녀가 '잘' 자란 것인지 아닌지 가려지는 것이다. 가족은 이 목표 달성을 위해 이른바 '교육가족'이 되었다. 교육의 재원은 남편이 벌고 자녀의 가정교육과 학교교육은 엄마가 책임지는 '엄마의 손으로'는, 영유아기뿐 아니라 자녀가 성장한 이후에도 계속된다.

자녀의 양육을 담당하게 된 엄마, 특히 일을 그만둔 엄마에게는 자녀교육의 책임이 무겁게 짓누른다. 그 결과 엄마는 육아뿐인 생활에 불안과 초조를 느끼면서도 이를 떨쳐버리려고 자녀 교육에 더욱 몰입해 아이의 성공에 자신의 전부를 걸기 쉽다. 자녀의 교육을 자신의 사명으로 여기고 자녀의 성공에 자신을 거는 '교육마마'는 자녀에게 '최대한 해주어야' 한다고 생각하며, 자녀에게 '잘 되라'는 주문을 극단적으로 밀고 나간다.

하지만 사회 변화가 급속히 진행되는 오늘날에는 어떻게 기르고 교육하면 자녀가 성공하고 행복하게 되는지 불확실하다. 이전처럼 대학을 졸업하고 '좋은 대학'을 나왔다고 해서 일생을 편안하게 산다고 말할 수 없기 때문이다. 이러한 현실 한편에서는 사회적 격차가 문제로 떠오르지만, 부모는 가능한 자신의 자녀는 사회적으로 높은 지위에 올랐으면 좋겠다는 초조와 불안이 강하게 엿보인다.

그러나 부모와 자식이 함께 분투한다고 해서 모두 성공으로 연결되는 것도 아니다. '성공'한 것처럼 보여도 장기적으로는 성공이라 말할 수 없는 결과에 이르는 경우도 많다. 그런 의미에서 육아와 교육은 리스크가 매우 큰 상황에 처했다.

이와 같은 상황에서 자녀를 가질지 또 자녀를 가진다면 일을 그만둘지 계속 할 것인지에 대한 선택은, 이 리스크에 대한 생각과 엄마의 책임 의식이 얼마나 강한지에 따라 결정되는 것 같다. 즉 자녀가 '좋은 학교'에 입학하는 것을 부모의 중대한 과제로 생각하는 것, 이를 위해서 최대한 투자를 하는 것 그리고 이것을 엄마의 책임으로 인식하는 것. 이 3가지가 자녀 교육에 자신의 모든 것을 거는 엄마들의 조건이다.

반대로 자녀 양육의 리스크가 크다는 것을 예견하고 그것이 자신의 삶을 위협한다고 느낄 때는 자녀 갖기를 포기하는데, 이것은 저출산 현상으로 연결된다. 그러나 여전히 자녀양육은 엄마의 책임이라고 생각하는 사람은 아이를 가지면 일을 그만둔다. 이렇게 해서 '엄마의 손으로'란 모토를 스스로 떠안고 자녀에게 삶의 전 에너지를 투입하는 교육마마가 탄생하는 것이다.

자녀에게 자신의 삶을 거는 엄마의 문제

'엄마의 손으로'를 실천하는 엄마일수록 육아 불안이 크다는 것은 앞에서 살펴보았다. '교육마마'는 아이가 학교에 들어갈 정도로 성장하면 자식이 잘 되길 바라는 마음에서 교육에 대한 열의로 아이를 몰아간다. 이것은 부모의 선의에서 비롯된 것이지만 자녀에 대한 '부드러운 폭력'이 될 위험이 크다.

'좋은 학교'에 합격하는 것을 '교육 성공'이라고 보는 것은 짧은 생각이다. '좋은 학교'에 들어가면 엄마는 만족하겠지만 아이는 학교에 적응하지 못하고 무단결석하거나 부모에 대한 반항과 폭력을 행하는 경우도 많다. 부모가 생각하는 '잘 되라'='좋은 학교'라는 획일적인 노선이 자녀에게는 '좋은' 것이 아닌 경우가 많기 때문이다. 그러한 경우는 도쿄대에 합격한 자녀의 엄마처럼 자랑스럽게 수기를 쓰지 않기 때문에 밖으로 잘 드러나지 않는다.

강한 엄마의 극진한 보호 아래 자란 자녀는 그 자체로 발달과정에서 불리하다. 원하는 학교 입학에는 '성공'해도 오랜 기간 지속된 강한 모자유착은 자녀의 자립을 방해한다. 부모와는 다른 욕구와 희망이 명확해지는 시기가 되어도 부모의 '잘 되라'가 여전히 통용된다는 것 자체가 자녀의 자아가 미숙함을 시사한다.

자녀의 성공에 자신의 모든 것을 거는 엄마에게도 문제가 생긴다. 여기에는 자녀의 행복은 곧 엄마의 행복이라는 모자일체적인 감정이 저변에 있다. 자녀를 독립적인 인격체로 인정하지 않는 것이며, 부모 역시 독립적인 개인으로서 살아가지 못하는 것과 마찬가지다.

자녀에게 완전한 보호가 필요한 어린 시절에는 모자일체적인 관계가 필요하고 자연스럽지만, 자녀가 성장하면서 부모와 자식은 일정한 거리를 두게 되고 이윽고 분리해 각자가 독립적인 개체로서 살아가야 한다. 그것이 성숙한 부모와 자식 관계이다. 독립적이고 성숙한 관계 형성 없이 부모와 자식이 하나가 되어 '좋은 학교'를 목표로 분투하는 모습에는, 부모에게서 떨어지지 않은 자녀와 자녀를 떠나서는 자신의 인생이 없는 엄마가 있을 뿐이다.

사람은 어린 시기에만 발달이 이루어지는 것은 아니다. 인간의 발달은 출생부터 죽음에 이르기까지 전 생애에 걸쳐 일어나며 어른도 한 인간으로서 발달을 계속해나간다. 이러한 발달과 성장 없이 충족감과 행복을 느낄 수 없다는 것은 이미 많은 연구를 통해 확인되었다.

부모가 되었다고 자신의 성장과 발달을 위한 일은 뒤로 한 채 자녀에게 모든 것을 거는 사람들이 있다. 그러한 삶의 방식은 자신의 발달을 정지시키는 것이나 마찬가지이다. 부모는 부모임과 동시에 한 사람의 어른으로서 살아갈 필요가 있다. 그렇게 할 때 비로소 편안한 마음으로 자녀와 마주할 수 있다. 이제까지 모자일체가 좋다고 강조되었지만, 엄마와 자녀가 독립적인 개인으로 살아가고 성장하는 것은 더욱 중요한 일이다(네가야마 코이치根根山光一《'독립적 인격체'로서 자녀 양육('子別れ'としての子育て)》, NHK북스, 2006년).

고학력화의 빛과 그늘

자녀에게 높은 교육을 시키고자 하는 풍조는 사회 구조의 변화, 즉 산업구조의 공업화·정보화에 따른 것이라고 앞에서 이야기했다. 이러한 시대적 필요성을 배경으로 '저출산 시대 잘 기르기 전략(少子良育戰略)'이 나타나고, 최근 20~30년 동안 고학력화는 급속히 진행되었다. 자녀가 원하면 대부분 대학에 갈 수 있는 상황이 되었고, 고등교육의 보급으로 일본 국민의 지적 수준이 전체적으로 높아졌다. 그러나 이러한 고학력화 현상에는 긍정적인 면만이 아니라 부정적인 부분도 적지 않다.

대학 진학은 '사회가 필요로 하는 고등교육 지식을 익히는 것'에서 멀어져, 대학에 진학하는 것·대학을 졸업하는 것 자체가 목적이 되었다. 왜 대학에 가야 하는지 충분히 생각하지 않고 고등학교를 졸업하면 대학에 진학하는 것이 당연하다고 생각하는 경우가 많다.

사회가 요구하는 고등교육의 실질적인 내용이 아니라 '대학' '○○대학 졸업'이라는 간판이 중요해졌기 때문이다. 이미 40여 년 전 영국의 교육사회학자인 로널드 도어는 이것을 '학력병'이라고 예리하게 지적한 바 있다. 원래 사회는 고등교육의 내용을 필요로 했지만 내용이 아니라 학력이라는 간판이 중시되고 간판이 실질적인 위세를 발휘하게 되었는데, 이것이 '새로운 문명병'이라는 것이 도어의 지적이다. '입학은 어렵지만 졸업은 쉬운' 일본의 대학 풍토도 여기에 박차를 가했다.

요즘은 대학 이름을 따지지 않는다면 누구나 어렵지 않게 대학에 입학할 수 있다. 그래서 예전의 '입시지옥' 상황은 완화된 것처럼 보인다. 그러나 오늘날에도 여전한 '우리 자녀를 성공한 사람으로'라는 풍조는 특정 '좋은 대학'에 대한 진학열을 부추기고 '학력병'은 형태만 바뀌면서 계속되고 있다.

누구를 위해 공부하는 것일까

자식이 잘되길 바라는 마음에서 '좋은 학교'에 보내려는 성적 중심의 '양육良育'은 자녀에게 어떠한 영향을 끼칠까. 최근 일본 아동의 학력 저하가 떠들썩하게 거론되고 있다. 최근 국제학력조사 결과가 공개될 때마다 일본 초·중학생의 학력 저하가 지적되는데, 우려할 만한 수준이다. 그러나 그 이상으로 주목해야 할 것은 공부와 학습에 대한 일본 학생의 태도와 인식이다. '공부가 즐거워요', '좀 더 공부하고 싶어요', '하면 된다(자신 있다)'와 같은 공부에 대한 의욕은 약하고 자신감도 낮았다(카와치 카즈코河地和子, 〈자신감은 어떻게 길러지는가〉, 朝日選書, 2003년).

공부든 일이든 사람은 무언가를 해내고 싶거나 더 좋은 성과를 올리고 싶어하는 동기부여가 있다. 학교를 다니는 아이에게도 공부를 열심히 해 좋은 성적을 얻고 싶다는 동기부여가 중요하다. 좋은 성적을 얻으면 무엇보다 그것을 이루어낸 자기 자신에게 만족할 수 있다. 이러한 동기부여와 욕구가 일본의 아이에게는 왜 부족한 것일까.

성취동기와 함께 타자와 친밀한 관계를 맺고 싶다는 친화동기는 인간 행동의 방향을 결정하는 요소이다. 이 두 가지는 보통 독립된 것이지만 일본에서는 이 두 가지가 상관되며 밀접한 관계를 가진다. 이것은 자신과 타자가 분리되기 어렵게 결부되어 있는 일본인의 특성, 즉 '타자와의 조화로운 관계가 자신의 안정에 중요하다'는 점과 관계 있다.

학습에 대한 아이들의 동기부여도 '공부가 재미있어요', '새로운 것을 아는 것이 즐거워요', '그것을 할 수 있는 내가 좋아요'라는 목표달성에 대한 동기부여보다, '부모님을 기쁘게 해드리고 싶어요', '(성적이 떨어지면) 엄마에게 혼나요', '야단맞지 않으려고'처럼 타자 특히 부모를 의식하고 부모와의 관계를 좋게 하려는 동기부여가 강하다. 일본의 문화적 특징과 함께 자녀에 대한 부모의 관심과 개입이 더해져 일본 아이들은 타자 지향적인 학습 동기부여를 가진 것이다.

고학력화가 시작된 70년대에도 이러한 경향이 있었다. 당시에도 아이들은 '엄마가 화내기 때문에', '부모가 기뻐하니까' 등 부모의 만족과 실망을 염두에 둔 동기부여를 보여주었다. 이것은 다른 나라에서는 볼 수 없는 것으로 일본의 아이들에게 두드러진 특징이었고, 현재 '저출산 시대 잘 기르기 전략' 아래 이런 경향은 더 강해졌다.

관점을 바꾸어보면 일본의 아이들은 부모의 말을 고분고분 받아들여 부모와 같은 목표를 공유하여 공부에 매진한다고 파악할 수도 있다. 자녀에 대한 부모의 큰 기대와 그것을 받아들이는 자녀는 언뜻 보기에는 좋은 관계를 유지하고 있어 문제가 없는 것처럼 보일 수도 있다. 그때는 문제가 없을지도 모른다.

그러나 어릴 때는 모르지만 중·고등학생 때는 자신의 삶의 방식과 장래를 생각하는 시기이다. 중·고등학생이 되어서도 부모 때문에 공부를 열심히 한다면 미성숙한 자녀이며, 그러한 방향으로 자녀를 압박하는 부모의 '잘 되라'는 문제가 있을 수밖에 없다. 이때는 부모 말대로 공부해 성적이 올라 '좋은 학교'에 입학하는 데 성공할지 모른다. 그러나 장기적으로 볼 때 '고분고분한 자녀'의 발달을 결코 낙관할 수 없다. 이미 보았던 것처럼 '착한 아이의 반란'은 결코 나와 무관한 일이 아니다. 이런 비극을 통해 가정의 교육력^{教育力}이란 무엇인가를 배워야 한다.

남학생과 젠더 문제

이미 서술한 것처럼 오늘날에도 일본의 남녀 대학진학률에는 차이가 있다. 남자의 진학률이 높은 것은 여자보다 남자가 우대받고 혜택 받은 것처럼 보이지만, 시각을 달리하면 남자는 부모의 학력 기대와 압력을 강하게 받는다는 말도 된다. 본인의 희망과 능력과는 상관없는 대학에 가거나 본인 의사와는 상관없이 대학 학과를 선택하는 경우도 많다. 그러한 경우 대학생활 적응에 문제가 생긴다.

진학률이 상승하면서 많은 대학의 학생 수준에 문제가 생겼다. 대학 교육을 받기에 적합한 능력을 갖추었는지 공부할 의욕이 있는지 의문이 드는 학생이 적지 않기 때문이다. 남학생에게서 그와 같은 경향이 더 많이 보인다. 대학생활조사에 따르면, 수업출석률도 여학생이 더 높고 수업 태도와 리포트 성적 등에서도 남학생이 여학생보다 부진하다(《학생생활실태 조사집계보고서》 등). 이것은 남학생의 높은 대학진학률과 관계가 있다.

자신감 없는 아이들

오래전부터 일본 아이들은 성적이 좋음에도 불구하고 자신감이 없고 주변의 사건이나 사물에 대한 적극적인 관심이 적다고 알려졌다. 예를 들면, 1985년 이루어진 조사(H.W. 스티븐슨, J.W. 스테크러,《초등학생 학력에 대한 국제비교연구》, 金子書房, 1993년)에서 일본 아이들의 산수와 국어 성적은 미국 아이들보다 훨씬 높았다. 하지만 산수와 국어에 자신이 있는지, 재미있는지, 더 공부하고 싶은지에 대해 묻자 일본 아이들의 대답은 한결같이 미국 아이들보다 소극적이었다. 비슷한 경향은 최근 중·고등학교의 생활의식조사(일본청소년연구소 '중학생의 생활의식에 관한 조사' 2002년, '고교생의 생활의식에 관한 조사' 2006년)에서도 엿볼 수 있다. 중학생의 학력과 자신감에 관한 국제비교조사(카와치 카즈코河地和子 〈자신감은 어떻게 길러지는가〉)에서도 같은 결과가 나타난다.(그림 2-3)

이처럼 자신감이 없는 것은 왜일까. 여러 가지 이유를 생각해볼 수 있다. '나는 할 수 있다', '자신이 있다'고 공언하는 것을 꺼리는, 즉 겸양이라는 일본문화의 특징 탓이라고 말하는 사람도 있다.

그러나 그것 때문만은 아닐 것이다. 아이가 자신감을 맛볼 수 있는 기회의 결핍도 주요한 하나의 원인이다. 인간은 자신의 힘으로 무엇인가를 달성할 때 자신의 유능함을 확인하고 자신감을 가질 수 있다. 아주 어린 아이도 부모의 힘을 빌리지 않고 무언가를 혼자

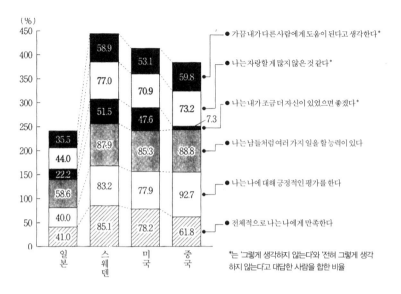

그림 2-3 각 나라의 아이들의 '자신감' 비교
출처 : 카와치 카즈코河地和子 《자신감은 어떻게 길러지는가》, 아사히센쇼, 2003년

서 해냈을 때 만족스러운 표정을 짓는 것을 볼 수 있다. 이와 같은 자력 달성의 기회, 자신의 힘을 인정받을 수 있는 기회가 요즘 아이들에게 적은 것은 아닐까.

탁월한 교수법을 갖추고 집중적으로 공부를 시키는 학교와 학원이 증가하고 있다. 사회에서의 성공만을 목표로 하는 학교와 학원의 기준에 따르면 학생이 자신이 흥미 있는 것에 집중하거나 시행착오를 겪는 것은 불필요한 것이다. 이런 환경에서 아이들은 스스로 공부하고 그 결과 '알았다!', '혼자서도 할 수 있어'라고 생각할 기회를 얻기 힘들다. '잘 가르쳐주었기 때문에', '좋은 학원에서 배웠기 때문에'라고 생각하지, 성적이 좋은 원인이 자신에게 있다고 믿지 않는다.

이것은 단순히 공부 문제에 그치지 않는다. 자신에게 할 수 있는 힘이 있고 유능해서 다른 사람에게 도움이 되는 존재라는 자기 인식은 인간에게 중요한 심리적 기반이다. 할 수 있음에도 불구하고 '자신 없다'고 여기는 것을 겸양의 미덕으로 간주해서는 안 된다.

타인을 위해 일한 경험의 중요성

일본 아이들의 자신감이 저하된 배경에는 이처럼 성적 위주의 교육과 모든 것을 해주는 부모가 있다. '최대한 해주는 것=부모의 애정' 이라고 생각해 대학생이 되어도 부모의 돌봄 아래 생활하는 청년들. 얼핏 보기에는 혜택 받은 것처럼 보이지만 사실은 어른이 되는 것을 늦추는 것일 뿐이다.

자립 생활체험의 결여는 어른이 되는 것을 늦추는 원인의 하나다. 일본의 젊은이들은 일상생활에서 모든 것을 부모에게 맡기는 경향이 있다. 자녀가 가사를 돕는 것도 다른 나라와 비교해 상당히 적다. 학교나 다른 교육기관에서는 할 수 없고 가정에서 부모만이 자녀에게 해줄 수 있는 것이 있다. 가족의 구성원으로서 부모와 자녀가 체험을 공유하는 것, 가족을 위해 가사노동에 참가하는 것이 그것이다. 이것은 자신이 아니라 다른 사람을 위해 힘과 시간을 사용하는 것으로, 자신이 다른 사람에게 도움이 된다는 것을 느끼게 해준다.

1930년대 초 대공황 때 미국 중상류 계층의 자녀들은 부모의 실업과 파산으로 급격한 생활의 변화를 경험했다. 아버지의 수입은 크게 줄고 이제까지 집에서 자신들을 극진하게 돌보던 엄마도 일하러 나갔다. 자신들도 신문이나 우유 배달로 돈을 벌어 가계에 보탬이 되어야 했고, 엄마를 대신하여 가사노동을 하고 어린 동생을 돌보는

등 부모의 보호 아래 공부와 취미생활을 즐겼던 이전과는 완전히
다른 생활이었다.

이와 같은 가혹한 체험을 한 아이들이 어떻게 성장했는지 추적
한 고전적인 연구가 있다. 놀라운 것은 아주 어린 아이를 제외하면
집안이 어려웠던 시절 아이들의 체험은 이후 삶에 도움이 되었다는
결론이 나왔다. 아이들은 자신의 작은 벌이가 가계에 보탬이 된다고
고맙다는 말을 듣거나, 퇴근한 부모가 자신이 만든 보잘것없는 요리
에 기뻐하거나, 어린 동생에게 자신이 의지할 사람이 되는 등 자신
이 다른 사람에게 도움이 되는 체험을 했다. 이 체험으로 인해 아이
는 자신감을 가지고 자신이 누군가에게 필요한 존재라는 자존감을
지닐 수 있었다. 이들은 당시를 돌아보며 '힘든 경험이었지만 그것이
지금의 나를 만들었다.'고 긍정적으로 말했다.

경제적으로 잘살고 부모의 따뜻한 돌봄을 받는 생활은 '풍요로운'
환경이다. 하지만 꼭 그렇다고만 말할 수 없다는 것을 이 연구는 말해
준다. 부모의 따뜻한 보호를 받는 '풍요로운' 생활에서는 아이가 자신
은 보호받는 힘없고 약한 존재라는 생각을 갖기 쉽다. 하지만 자신이
열심히 노력한 것이 다른 사람에게 도움이 되는 경험을 할 때 아이는
힘이 없는 약자라는 자기 인식을 수정한다. 자신에게 능력이 있고 다
른 사람을 위해 유용한 존재라는 느낌을 지니게 되는 것이다.

자녀에게 풍족한 환경이라는 것은 무엇일까

방금 소개한 연구는 자녀의 발달에서 풍요로운 환경이라는 것은 무
엇인가라는 문제에 파장을 일으켰다. 부모로부터 보호받고 경제적
으로 풍요로운 환경이 자녀의 발달에 바람직스러운 것인지에 대한

문제이다. 이에 관련된 연구는 역경 속에서 자란 것의 긍정적인 의미를 밝혀주었다. 하나 더 중요한 것은 다음과 같은 사실이다. 아이에게는 자신에게 닥친 가혹한 상황에 맞서 헤쳐 나갈 힘이 있고, 그 힘을 발휘하는 것이 자녀를 성장케 한다는 점이다.

일본에서는 부모가 자식에게 '해주는' 것을 부모의 애정이라고 간주한다. 그러나 자녀 스스로 하는 기회를 제공하는, 바꾸어 말해 부모가 해주지 않는 것도 중요한 부모의 역할이다. 자녀가 시행착오를 거치면서 스스로의 힘으로 헤쳐 나가는 것이 부모의 눈에는 효율이 떨어지는 것처럼 보일 수 있다. 그러나 잘 가르쳐주어서 할 수 있다고 생각하는 자녀와 스스로 이것저것 시행착오를 거듭한 끝에 '할 수 있다!'고 생각하는 자녀의 자신에 대한 인식은 완전히 다르다. 후자의 경우는 자신의 힘에 대한 신뢰와 성취에 대한 강한 동기가 생긴다.

또 하나 중요한 것은 다른 사람을 위해 일하는 체험이다. 이러한 체험은 자신만을 위해 공부하여 성취한 것에서는 알 수 없는 의미를 깨닫게 해준다. 자신이 다른 사람에게 도움이 되고, 도움을 줄 힘이 있다는 스스로에 대한 신뢰와 자신감은 이후 삶의 방식을 관통하는 강한 토대가 될 수 있다.

부모가 '최대한 자녀에게 해준다'는 것은 자녀에게 무엇이든 '해주는' 것이다. 집안일을 전혀 도와주지 않고 공부만 하면 '좋은 자식'이 되는 것, 혹은 자신의 레저 비용만 벌기 위해 아르바이트 하는 것은 결코 '풍요로운' 발달 환경이 아니다.

'최대한 해주는 것'을 부모의 애정 혹은 부모가 해주어야 할 의무로 생각하는 것은 문제다. '해주지 않는 것'과 자녀가 스스로 무언가를 하게 하는 것이 중요하다. '부모가 자녀에게 해주어야 할 것은 아주 조금'이라는 야마다 타이치^{山田太一}의 지적은 문제의 본질을 정확하게 지적한다(야마다 타이치, 〈부모가 할 수 있는 것은 '아주 조금뿐'〉, PHP연구소, 1995년).

'길러 내다'라는 새로운 과제

예전에는 들어보지 못했던 '길러 내다'라는 교육임상 활동이 지금 한창 실험 중이다. 지금 일본에는 사회적으로나 정신적으로 자립해야 할 나이임에도 불구하고 부모 집에서 살며, 일을 하거나 공부하는 것도 아니고 그렇다고 취업 준비를 하는 것도 아닌 젊은이가 많다. 히키코모리와 등교거부를 하는 자녀도 이와 비슷한 경우이다.

이렇게 자립하지 못하는 청년을 사회로 내보내 혼자서 살아갈 수 있도록 도와주는 것이 '길러 낸다'는 시도이다. 다른 말로 하면 '길러서 바르게 한다'이다. 어린 시절 가정생활 속에서 자연스럽게 발달되었어야 할 부분이 제대로 이루어지지 않아 부모에게서 자립할 수 없는 젊은이들을 전문가가 '길러서 바르게 내보낸다'는 것이다.

자녀 교육에 열을 다하고 '최대한 해준다'는 부모의 애정에 기초한 양육^{養育}이 성행하는 현실. 그럼에도 불구하고 자녀를 '길러내지' 못하고, '바르게 길러내는' 일을 전문가에게 맡겨야 하는 상황이다. 부모의 교육열은 넘쳐나지만 그 내용과 방향이 어딘가에서 어긋나 정작 중요한 것이 결여된 결과이다.

제3장

육아를 담당하는 가족의 변화

1. 생활의 '편리함'은 가족을 어떻게 바꿔 왔는가

이제까지 '육아 불안'과 '아이 스스로의 성장 부재'에 대하여 살펴보았다. 그런데 이러한 문제를 생각할 때 가족의 모습과 기능, 가족 구성원의 심리가 사회의 변화에 따라 어떻게 변화했는지 이해하는 것이 중요하다. 부모 자식 관계나 부모가 무엇을 해야 할 것인지만 들여다보는 것으로는 부족하다. 이 장에서는 가족 내에서 부모 자식 관계와 육아가 어떻게 변화하여 왔는가를 분석해볼 것이다.

사회는 가족에 침투한다
예전에는 가족이 같이 모여 살았지만 지금은 뿔뿔이 흩어져 살아간다. 옛날을 그리워하며 오늘날 가족의 모습을 개탄하는 목소리도 들린다. 그러한 목소리가 가족은 위기에 빠졌다는 주장(論)으로 연결되는 경우도 자주 목격한다. 가족이 모두 모일 수 있는 기회가 줄어들고 그 결과 가족이 예전처럼 하나로 뭉치지 못하는 것은 사실이다. 그렇지만 이것이 반드시 개탄해야 할 일이며 이상한 방향으로만 변한 것일까.

그런 것은 아니다. 변화해가는 것이 인간의 가족이다. 인간은 문명의 이기를 바탕으로 생활환경을 변화해왔고 거기에 맞추어 새로운 가족의 형태와 생활방식을 만들어냈다. 인간은 뛰어난 지능과 적응력을 지녔기 때문이다.

가족은 하나의 시스템이다. 가족 중 누군가 사고를 당하거나 병에 걸리는 등 무슨 일이 생기면 다른 가족에게도 영향을 미친다. 병원 입원을 하면 간병을 해야 하고, 입원 수속이나 보험 처리 등에 가족의 도움이 필요하다. 그런 일이 생기면 주부는 다른 때보다 가사노동에 집중하기 힘들고 걱정으로 기분도 우울해진다. 또 사고 처리나 병의 치료 방법 등에 대한 이견으로 가족간 말다툼이나 대립이 생기기도 한다. 이와 같은 일이 생기는 것은 가족의 구성원은 단순한 집합이 아니라 상호 기능적으로 관계하는 하나의 시스템이기 때문이다.

가족은 구성원이 상호 영향을 주는 시스템이지만 가족 시스템에 영향을 주는 것은 가족 구성원만이 아니다. 가족은 동시에 다른 시스템과 같이 놓여 있다. 즉 가족은 어떤 시대, 어떤 사회에 속해 있어 그 시대와 사회의 영향을 받는다. 사회로부터 정보와 제품 등이 가정에 유입되어 여러 가지 모습으로 가족에 영향을 준다. 그 결과 가족의 모습은 변화한다.

사회는 변화해도 혹은 다른 집에서는 어떻게 하든 '우리 집은 이렇게 한다', '우리 가정교육 방침은 이렇다'고 자신의 생활과 사고가 자신만의 독자적인 것처럼 이야기하는 사람도 있다. 그러나 인간이 어떤 사고를 하고, 어떤 행동을 하든지 사회의 영향에서 완전히 벗어나기는 어렵다.

프랑스 사회학자 쟈크 돈제로[Jacques Donzelot]는 이것을 '사회는 가족에 개입(침투)한다'고 말한다(《가족에 개입하는 사회》, 新曜社, 1991년).

사회의 제도, 사고방식, 재화 등은 가정에 침투하여 다양한 영향을 주며 가족의 모습과 기능에 변화를 재촉한다. 그 영향에는 '좋은' 것도 있고 그렇지 않은 것도 있는데, 바야흐로 '개입'이라는 것에 어울리는 양상이 나타난다.

공업화와 가정의 변화

'사회가 가정에 침투'하여 가족을 변화시킨 단적인 예가 집에서 사용하는 전자제품으로, 자녀 교육에도 영향을 미쳤다.

일본의 자녀는 다른 나라에 비하여 가사를 돕지 않는다고 앞에서 이야기했다. '잘 기르는 것'이 공부라고 생각하는 지식교육 중심의 부모 생각이 첫 번째 원인이지만, 가전제품의 보급으로 인해 '자녀의 도움이 필요 없게 된' 사실도 있다. 자녀의 도움을 받을 필요가 없는 것은 세탁기와 청소기 등 가정 내 전자제품 덕분이다.

가전제품이 없던 시대에는 조리를 하는 데 오랜 시간과 노력, 지식이 필요했다. 다음 글은 지금부터 100여 년 전에 생후 3개월 된 아기가 먹을 음식을 만드는 조리법을 설명하는 내용이다.

"가장 좋은 밀가루 약 1파운드를 모슬린 자루에 넣어 단단히 묶는다. 이것을 12시간 계속 끓여서 꺼낸 다음 그대로 식힌다. 아기에게 먹여도 될 정도가 되면 작은 숟가락으로 두 숟가락 양을 갈아 으깨 고운 분말 상태를 만든다. 이 분말에 미지근한 물 반 파인트를 넣고 몇 분간 끓여 사람 피부 온도가 될 때까지 식힌다. 이렇게 만든 부드러운 죽에 작은 계란 흰자 1개(계란이 큰 경우는 반 개)를 섞어 약간

단 것을 첨가해 모유에 더한다." (모리 하리슨, 《부엌의 문화사》, 호세 이대학출판국, 1993년)

머릿속이 멍할 정도로 수많은 작업이 필요해 혼자서는 무리이고 누군가의 도움이 필요했을 것이다. 12시간 계속 끓이고 가끔 휘젓는 일 정도는 자녀가 도와주었을 것이다.

100년 전 외국의 예를 들지 않아도 이런 풍경은 수십 년 전에는 일본 가정에서도 자주 볼 수 있었다. 믹서기 같은 것이 없었던 시절 식자재를 찧기 위해서는 절구밖에 없었고 절구를 찧는 일은 자녀 몫이었다. 그러나 각종 조리기구가 보급되고 식기세척기 등이 등장하여 부엌일은 주부 혼자서도 어렵지 않게 할 수 있게 되면서 자녀의 도움을 받을 필요가 없게 되었다.

가전제품의 등장으로 가사의 기계화·단축화가 진행되어 장시간의 부엌 노동에서 주부를 해방시킨 것은 부엌의 문화사에서 큰 변화이다. 이런 유용성으로 인해 세탁기, 청소기, 냉장고는 소화^{昭和} 30년대(1955년~1964년)에 '신기한 제품 3종'으로 인정받고, 가전제품은 급속히 보급되어 생활필수품이 되었다.

가전제품은 누구에게나 편리한 물건으로 인식되었지만 좋은 면만 있는 것은 아니었고, 그것이 가져온 마이너스 영향도 많았다. 가전제품이 가정으로 들어와서 자녀가 가사를 도울 기회가 줄어든 것은 일본의 특유한 현상인 것처럼 보인다. 이것은 '가사에 가전제품의 도입', 즉 '가사의 기계화'를 어떻게 볼 것인가, 또 가사를 어떠한 일로 볼 것인가 혹은 누구의 일로 볼 것인가와 관계되어 있다.

세탁기나 청소기를 활용한 가사노동의 기계화는 가사 노동 자체를 줄였을 뿐만 아니라, '누구나 똑같이 할 수 있는' 것이 가능해졌다는 점이 중요하다. 기계가 없던 시대 조리와 세탁은 그것에 대한 지식과 기능을 지닌 사람만이 할 수 있었다. 예를 들면, 예전에 여성은 결혼 전 '신부수업'으로 요리와 세탁, 이불 만드는 법 등을 배웠다. 그러한 지식과 기능을 지닌 '여성=주부'만이 주된 가사 일을 할 수 있었다. 그러나 1970년대에 많은 가정에 가전제품이 들어오자 가사에 대한 지식과 기능이 예전만큼 필요하지 않았다. 기계의 사용설명서대로 하면 누구나 똑같이 할 수 있게 되었기 때문이다.

그러나 일본에서는 '누구나 할 수 있게 되었다'는 측면이 그렇게 인식되지 않았다. 주부의 장시간 노동이 단축되어 주부가 편안해졌다는 측면만 인식되어 자녀의 도움이 필요하다고 생각지 않은 것이다.

서구에서는 남편과 자녀가 일본보다 훨씬 더 오랜 시간 가사 일을 하는데, 가전제품이 들어온 이후 남편과 자녀는 가사의 수행자로서의 존재감이 더 커졌다(총무청 청소년대책본부, 〈자녀와 가족에 관련한 국제비교 조사보고서〉, 1996년). 남편과 자녀가 가사에 참가함으로써 여성의 가사시간이 줄어든 것이다. 그러나 일본에서는 가전제품 도입 이후에도 남편과 자녀는 여전히 가사에 참가하지 않는다.

이러한 서구의 변화는 남녀평등이라는 서구적 사고에서 비롯된 면도 있겠지만, 가전제품의 효용이 무엇인지 나아가 가사라는 것을 어떻게 생각하는지와 관계되어 있다.

여성은 일도 가사도

가전제품의 보급은 '사회가 가정으로 침투한' 현상이다. 이를 계기로 서구에서는 가족의 모습이 변했지만, 일본에서는 그렇지 않았다. 똑같이 문명의 세례를 받았지만 '누구나 할 수 있다'는 기계화의 효용에 대한 인식 부족, '가사는 여성의 일'이라는 젠더 규범, 더 나아가 '자녀는 공부를'이라는 지식교육^{知育} 최우선 사고 등이 서구와의 차이를 가져왔다.

요리와 세탁, 청소 등 가사는 가족의 몸과 마음을 건강하게 하고 안정된 생활을 보장하는 노동이다. 일본에서는 가사를 담당하는 것이 주부·여성의 기본 역할이다. 주부 이외의 가족이 가사를 하는 경우 '가사 협력'이나 '도움'이라고 말하는 것처럼 그것은 어디까지나 하나의 선택으로 생각하며, 가사는 주부의 일로 인식한다.

이러한 체제는 남성(남편)이 밖에서 일을 하고 여성은 가정에서 가사·육아를 담당하게 된 시기에 확립된 것으로, 1950년대에 대량으로 샐러리맨이 탄생한 것과 관계 있다. 그 이전 시대 농가와 상가^{商家}에서는 남성과 여성이 함께 밭이나 상점에서 일하고, 짬이 나는 사람이 임기응변으로 집안일과 아이 돌보는 일을 했다. 직업 시간과 가족 시간은 서로 뒤섞여 있었고, 남성과 여성이 모두 집안일을 했다.

그러나 직업의 외부화를 계기로 직업은 남성, 가정은 여성이라는 분리가 시작되어 집에 있는 여성이 주부로서 가사 노동을 혼자 도맡아 하게 되었다. 소위 성별분업이 시작된 것이다. 이것이 불평등하다고 비판하는 경우가 많지만 일률적으로 그렇게 비판할 필요는 없다. 예전에 여성은 극히 한정된 직업밖에 가질 수 없었지만 남성은 (여성보다) 벌이가 좋은 일을 할 수 있어서, 남성이 직업을 가지고 여성은 가정에서 일을 하는 분담은 그 나름대로 이치에 맞는 것이었다. 성별분업밖에는 달리 방법이 없었고 그것이 효율적인 방식이기도 했다.

그후 상황이 변하여 여성에게도 직업의 길이 열렸다. 현재는 맞벌이 가정이 외벌이 가정을 상회할 정도가 되어 완전한 성별분업 가족은 줄어들었다.

그러나 여성이 직업이 있어 밖에서 일을 해도 가사는 여전히 여성의 역할인 경우가 많다. 파트타임 일을 하는 여성이 많은 것은 여러 가지 사정이 있지만, 그 가운데 하나는 '가사에 지장이 되지 않도록' 일하기 때문이다. 여성 자신도 주부라는 자각 때문에 이 조건을 중요하게 여기지만 그 이상으로 주위에서 그것을 요구한다. 이미 얘기했듯이 부인이 일하는 것을 남편이 용인하는 경우 '가사와 육아를 소홀히 하지 않는다', '가사에 지장이 안 되는 정도'로 못을 박는 경우가 적지 않다.

오늘날에도 이러한 인식은 널리 공유되고 있다. 경제 효율을 최우선으로 여기는 기업은 출산한 뒤 양육을 떠안은 여성이 일을 계속 하는 것을 기대하지도 않고 좋아하지도 않는다. 출산을 계기로 퇴직한 여성이 재취업하는 것은 아주 어려운 일이다. 가사·육아는 여전히 여성의 일이라고 생각하기 때문이다.

이런 분위기에서 일을 하는 여성은 '미안하다'는 생각을 하기 쉽다. 이것은 자신의 역할(이라고 기대되는)인 가사와 자녀의 돌봄을 (무직의 주부처럼) 충분히 할 수 없는(하지 않는) 자신을 비난하는 감정이다. 여기에서도 가사는 여성의 일이라는 규범의식이 여성 자신에게도 강하게 내재되어 있는 것을 볼 수 있다.

'미안하다'는 감정은 회사와 직장에 대해서도 마찬가지이다. 많은 회사가 인건비 절약을 위해 직원을 줄인 탓에 남은 직원에게는 과도하고 강도 높은 노동이 요구된다. 육아에 시간을 **빼앗기는** 여성은 그러한 노동 방식을 따를 수 없고 회사에 대해서도 '미안한' 감정을 가진다. 이러한 2중의 스트레스가 여성의 미혼화 더 나아가 저출산의 원인^{遠因}일 것이다.

가정의 교육력 상실

예전에는 가족이 지금보다 잘 뭉쳤다는 견해가 있다. 그러나 가족이 하나로 뭉치는 경향이 약해진 것도 '사회가 가족에 침투한' 결과이다. '뭉쳤다'는 것은 뭉칠 필요가 있었기 때문이고, 좋아서 그런 것만은 아니었다. 또 '뿔뿔이 흩어졌다'고 비관적으로 보지 않고 구속이 약해져 자유가 증가했다고 볼 수도 있다.

50~60년 전 대부분의 일본 가정은 봄과 가을에 대청소를 했는데, 집 안의 다다미를 전부 들어올린 다음 밖으로 옮겨 말렸다. 다다미 아래 마루를 청소하고 약을 뿌리고 신문지를 펼쳐 놓았다. 말린 다다미를 다시 들어 원래 자리로 갖다 놓고 판자문과 복도는 물걸레질을 했다…. 하루 종일 모든 집안 사람이 총출동하는 행사였다. 하지만 집안 일을 하는 것이 즐겁기만 한 것은 아니었고 친구들과 외출하고 싶어도 개인 사정은 통하지 않아 자녀들은 힘들었다.

그런데 봄·가을 대청소하는 관습은 언제인지 모르게 슬며시 사라졌다. 도로는 완전 포장되고 새시가 설치되어 모래 섞인 먼지 침입이 차단되었기 때문이다. 빗자루와 먼지떨이, 걸레 등과는 비교가 되지 않는 성능 좋은 전기청소기로 일상의 청소가 완벽하게 해결되었다. 집안 사람이 총출동하여 대청소하는 관습의 소멸은 전적으로 이러한 문명의 이기가 가정에 침투한 결과이다. 대청소의 소멸은 가족의 구성원을 집안의 행사라는 구속에서 해방해 개인의 자유를 증가시켰다. 그렇지만 잃어버린 것도 컸다.

자녀가 성장하면서 부모는 자녀에 대한 기대가 생기고 그런 기대에 부응해 자녀가 능력을 발휘하면 부모의 칭찬을 듣는다. 부모로부터 인정받은 자녀는 자신감이 생긴다. 그러한 것이 '대청소의 시대'에는 있었다.

대청소뿐만 아니라 이러한 체험은 가족이 함께 일하는 것에 의해 얻어진다. 또 가족이 서로 힘을 합하여 목표한 것을 성취한다는 기쁨과 더불어 집안이 깨끗해지는 것에서 오는 상쾌함과 만족감을 가족이 서로 공유할 수 있었다.

그러나 이러한 체험의 기회는 이제 사라져버렸다. 이러한 현상을 생각하면 '해주다'가 아니라 자녀가 할 수 있는 것은 부모가 '해주지 않는' 즉, 자녀 스스로 기회를 만들어갈 수 있도록 신경 써야 할 필요가 있는 것은 아닐까.

일본에서는 자녀가 성장한 뒤에도 자녀를 돌보는 일을 비롯해 주부의 가사 시간은 줄어들지 않는다. 이러한 현상은 서구와는 크게 다른 점이다. 여기에도 '최대한 해준다'는 '애정'이 작동하고 있다. 그리고 그 '애정'이 자녀의 자립을 방해한다는 것은 앞에서 이야기했다. 그런데 가사 일을 잘 하는 자녀는 사회적 관심이 크고 적극적이어서 자립성도 우수하다는 사실이 입증되었다(시나 토모미^{品田知美} 〈자녀에게 가사 일을 시키는 것〉, 혼다 유키^{本田由紀} 편, 《여성의 취업과 부모 자식관계》 勁草書房, 2004년). 사회에 진출하여 살아갈 의욕과 힘이 길러지는 것이다.

아는 지인의 가정에서는 다섯 살 된 남자아이가 세탁 일을 돕는다. 안됐다고 생각했지만 그 아이는 "내가 우리 집 빨래를 하고 있어요!"라고 자랑하듯이 이야기했다. '누구나 사용할 수 있는' 가전제품을 활용해 자녀의 힘과 존재 의미를 자신과 다른 사람으로부터 인정받게 하는 멋진 방법은 아닐런지.

인류, 가족에게 함께 식사하기(共食)의 의미

더 나아가 가족의 기능으로 주목해야 할 것은 식사이다. 그것은 단순히 영양 공급뿐만이 아니라 커뮤니케이션이라는 중요한 역할을 한다.

지금부터 약 1,200만 년 전, 인류에게 남녀와 그 자녀로 구성되는 가족이 생겼다. 그 계기가 된 것은 성(性)과 식사이다. 성이 계기가 되었다는 것은 남녀가 결합해 자녀를 낳아 기른다는 선상에서 필수적인 것으로 쉽게 이해할 수 있다.

그런데 식사 쪽은 조금 복잡하다. 다른 동물에게 식사는 스스로 찾아 혼자서 먹는(自食) 행위이다. 물론 새끼가 아주 어릴 때는 먹이를 먹여 주지만, 날거나 걷게 되어 스스로 이동이 가능하면 부모는 먹을 것을 주지 않고 스스로 먹이를 찾게 한다. 그렇게 되면 새끼도 부모도 각자 스스로 먹이를 찾고, 먹이를 찾은 곳에서 각자 먹기 때문에 함께 먹는 일이 없다. 함께 먹는다고 해도 그것을 즐기는 것이 아니다.

그러나 인간에게는 가족이 함께 식사를 하는 행위(共食)가 생겨났다. 그것은 인간만이 지닌 힘과 마음의 결과이다. 두 발로 걷게 된 인류는 자신이 찾은 음식물을 자유로워진 손(이전의 발)으로 운반하는 것이 가능했다(손이 없는 네발 동물은 운반을 입으로 할 수밖에 없고, 거기에는 한계가 있다). 음식물은 성적 파트너와 자신 사이에 태어난 자녀에게 운반된다. 인간은 임신과 수유 기간이 길고 그 기간에 충분한 영양이 필요한 점이 특징이다. 출산 전후 여성은 스스로 식량을 조달할 수 없기 때문에 성의 상대인 남성이 식량을 조달해준다. 아내와 자녀의 생명을 지키기 위해서이다.

그것만이 아니다. 인류는 '타자의 마음을 추론하는 힘'을 지니고 있어 먹을 것이 있으면 상대는 기쁠 것이라고 생각할 수 있다. 더 나아가 상대와 음식을 함께 하는 것에서 기쁨을 발견했다. 상대를 기쁘게 하는 것이 자신에게도 즐겁다는 것을 알고 느끼는 힘인 '마음이론'은 인간의 높은 지능에서 나온 것으로, 동물에게는 없는 것이다. 이처럼 함께 식사를 하는 행위(共食)는 부모와 자식이 함께 한다는 생리적 접근뿐만 아니라 부모와 자식간의 심리적 연결을 강하게 했다. 이것이 가족이 탄생한 경위이다(야마기와 쥬이치山極寿一《가족의 기원》도쿄대학출판회, 1994년).

누군가와 식사를 함께 하면 즐겁고 친밀감을 키워준다. 학교에서도 직장에서도 일이 생길 때마다 친목회나 회식을 하는 것은 같이 식사를 하면서 상대와 친밀한 관계를 맺고 강한 연대감이 생기기 때문이다.

지금이야말로 '함께 식사하기'가 필요한 때

인류가 가족을 만들게 된 계기이자 인간 사이의 친밀성을 높여주는 함께 식사하기는 오늘날 가족에서는 어떻게 이루어지고 있을까. 20년 전 아이들은 가족의 모습에 대한 그림을 그리라고 하면 가족이 식탁에 둘러앉아 있는 풍경을 묘사하는 경우가 많았다. 하지만 지금은 이와 같은 가족의 식사풍경은 찾아보기 힘들다.

이와무라 노부코岩村暢子가 쓴 르포 《변하는 가족, 변하는 식탁》(勁草書房, 2003년)에는 가족의 식사를 누가 준비하고 무엇을 먹는지, 그것은 집에서 조리한 것인지 사온 것인지에 대해 상세히 조사하여 보고한다. 또한 식사 중인 여러 가족의 모습과 사람들의 모습이 요리 사진과 함께 소개되어 있다.

이 조사에 따르면 예전에는 어느 집에서나 볼 수 있었던, 일가가 식탁에서 같이 식사를 하는 풍경은 자취를 감춰버렸다. 자녀 혼자서 스낵 풍의 간단한 식사를 하거나 가족이 함께 식사를 해도 각자 먹거나 텔레비전을 보면서 간단하게 먹는 풍경이 많이 등장한다. 집에서 조리하지 않고 돈을 주고 사온 반찬과 인스턴트 식품, 과자나 빵 등이 많은 것도 특징이다.

집에서 통학하는 학생에게 최근 가족과 함께 식사를 한 것이 언제인가를 묻자 평소에는 아침과 저녁은 각자 편한 시간에 먹고, 가족이 함께 식사하는 것은 특별한 행사 때 정도라는 것이 평균적인 대답이었다. 가족이 식사를 함께 하는 것이 이제는 일상적이지 않은 것이다.

이처럼 가족의 공동식사는 줄어들고 가족의 기능에서 식사는 후퇴했다. 그것은 조리의 간편함에 더해, 배달음식 등 새로운 관행이 주방에 침투한 결과이다. '예전에는 가족이 모두 함께였다, 하나로 뭉쳤다'며 옛날을 그리워할 때 사람들은 보통 일가가 모여 식사하는 풍경을 떠올리는 경우가 많다.

확실히 식탁에서의 단란함은 줄어들었지만 그것이 꼭 개탄할 것만은 아니다. '간편식'이나 전자레인지, 냉장고 등이 없던 시절 가족들은 모두 저녁에 집에 돌아와야 했다. 요리를 오래 보관할 수 없어 조리한 것을 그 자리에서 모두 먹어야 했기 때문이다. 따뜻한 것은 따뜻하게 차가운 것은 차게, 요리를 맛있게 먹는 것은 그 방법밖에 없었다. 지금은 외식산업이 성장하여 밖에서 사온 음식도 집에서 만든 음식도 전자레인지로 데우면 끝난다. '모두 함께' 식사를 해야 했던 시절과 달리 저녁식사 시간에 구속받지 않고 개인의 행동과 시간의 자유가 증가했다고 보는 견해도 가능하다.

그러나 자녀의 양육에서는 이것이 지닌 마이너스 면도 고려해야 한다. 자녀가 혼자 식사를 하는 데에는 문제도 따르기 때문이다. 함께 식사한다는 것은 구성원들과 커뮤니케이션이 이루어지고, 각각의 사람이 지닌 개성으로부터 많은 자극을 받을 수 있는 기회이다. 같은 집에 살아도 부모, 형제의 일은 의외로 잘 알지 못하고 같이 대화할 기회도 적은 것이 사실이다. 그러나 식사를 함께 하면 그들이 어떠한 생각을 하고 있는지, 어떠한 일을 하고 있는지, 힘든 일은 없는지 등 가족 구성원에 대하여 자연스럽게 알 수 있다. 부모나 형제에게 진지하게 자신의 의견은 어떻고 성격은 어떻다고 말하지 않아도 함께 식사를 하는 시간은 서로를 이해할 수 있는 좋은 기회이다.

이와 같은 공동식사의 역할을 한번 더 재고할 필요가 있다. 뿐만 아니라 가족이 편하게 커뮤니케이션을 할 수 있는 기회를 가질 수 있는 방법을 궁리해야 한다. 5장에서 자세히 이야기하겠지만 이를 위해서는 장시간 일하는 현재의 노동방식이 변화되는 것도 필요하다. 아침밥조차 먹지 못하고 등교하는 자녀의 배경에는 부모의 늦은 귀가, 나아가서는 늦은 저녁-취침이라는 생활시간의 문제가 긴밀히 연계되어 있기 때문이다.

2. 결혼과 가족의 변화

결혼의 가치 저하

사회가 침투한 곳은 가족만이 아니다. 가족을 만들 것인가 말 것인가, 즉 결혼의 가치와 부부 관계에도 '사회가 침투'했다.

만혼화는 진행 중이고 비혼화의 경향도 짙게 보인다. 오랫동안 대부분의 사람들이 모두 결혼하는 '개혼사회'였던 것을 생각하면 이것은 큰 변화로, 전적으로 사회 변동을 진원으로 하는 결혼 가치의 저하에 따른 것이다.

외식도 간편식도 없던 시대, 집안일에 익숙한 주부의 손은 남성에게는 생활필수품이었다. 그리고 경제활동을 통해 생활할 길이 없었던 여성은 결혼하여 주부 역할을 함으로써 생활을 보장받을 수 있었다.

이러한 상황을 사회가 바꾸어놓은 것이다. 가사의 기계화·외부화로 인해 남성은 가사를 누군가에게 맡기지 않고도 살아갈 수 있게 되었다. 한편, 노동력의 여성화(강한 근력 때문에 여성보다 우위였던 남성의 노동력이 노동의 기계화·정보화로 감퇴된 것)는 여성에게도 직업을 가지고 돈을 버는 길을 열어주었고, 여성은 누군가에게 의

지하지 않아도 혹은 어느 집안에 소속되지 않아도 살아갈 수 있게 되었다.

예전에는 남성과 여성 모두에게 결혼은 살아가기 위해 필요한 제도였지만 그러한 결혼의 가치가 낮아진 것이다. 결혼하지 않고도 불편을 느끼지 않고 살아갈 수 있게 된 것이다. 이것도 만혼화 더 나아가 비혼화가 진전된 배경이다.

그에 더해 예전에는 성인이 되어도 '결혼하기까지 성적 접촉을 할 수 없었지만' 이제 성은 '애정이 있다면' 더 나아가 '합의한다면' 가능한 것이 되었고, 성의 자유화가 급속하게 진행되었다. 이것도 사회의 만혼화와 비혼화를 재촉한 요인이다. 이렇게 되자 결혼에 대해 예전같이 커다란 가치를 발견하는 것은 어렵고, 뒤에 이야기하겠지만 결혼에 따른 '리스크'를 생각한다면 결혼하지 않는 것 혹은 결혼하여도 오래 지속하지 않으려는 경향이 생겨났다.

연애결혼과 여성의 불만

이러한 변화와 함께 이제까지 많았던 맞선 결혼은 감소하고 연애결혼이 대세를 이루었다. 여성의 고학력화와 함께 직업을 갖는 여성이 많아지면서 남녀가 직접 만날 수 있는 기회가 증가했기 때문이다. 연애결혼은 맞선 결혼과는 다른 부부 관계를 가져왔는데, 바로 남편과 부인의 대등성이다. 연애결혼 부부는 나이, 학력, 직업체험, 집안의 격[格] 등에서 남녀 차이가 적고, 남성만 일할 수 있었던 시대와는 다르게 여성도 일해 돈을 버는 것이 가능한 점에서도 대등하다.

하지만 현실에서는 남녀가 대등한 것이 쉬운 일은 아니다. 직업을 가지고 일을 해도 여성은 가정에서 여전히 많은 역할을 담당한다. 이것에 대해 남성과 가족의 관계는 '가족을 가지는 것', '가족을 지니는 것'이라고 상징적으로 말할 수 있다. 즉 가족을 '가지고' 있지만 주체적으로 가족의 역할을 담당하는 것, 바꾸어 말하면 '가족 역할을 하는' 것은 매우 적다.

일하는 것이 남성의 역할이고 남성만 돈을 벌어올 수 있었던 시대 혹은 남편이 학력도 나이도 많았던 시대에는 여성이 무상으로 가사와 육아를 하는 것이 의미가 있었다. 즉 남녀 각각이 자신이 할 수 있는 것을 하고, 상대(가 할 수 없는 것)를 보충하는 상호 협력 관계였다. 그러한 상황에서는 여성이 불평등하다고 느낄 수 없었다.

그러나 이제는 남녀 누구나 일을 하고 가사를 하는 시대가 되었고 부부간 나이와 학력 차이가 없는 경우가 많다. 그럼에도 불구하고 현실에서 여성은 일을 해도 가사를 전적으로 담당하는 경우가 대부분이다.

게다가 육아 중에는 아이를 어린이집에 데려다주고 데려오는 것, 아이가 병이 나면 병원에 데려가는 등의 시간을 투자해야 한다. 정규 고용을 대폭으로 줄이는 현재의 살벌한 직장 환경은 여성이 육아를 하며 일을 하기에 좋은 환경은 아니다. 그 때문에 어쩔 수 없이 퇴직하게 되는 경우도 많다.

이와 같은 상황에서 여성은 남편이 '이기적인 것은 아닌가' 하는 생각이 들기도 한다. '육아 불안'에는 결혼 후 벌어진 남편과의 격차에 대한 불만이 포함되어 있다는 것은 앞에서 이야기했다. 결혼과 육아로(오직 여성에게만) 초래되는 이러한 불리함을 예측한 여성들은 결혼과 출산을 기피하게 된다. 그 결과 만혼화·비혼화·저출산화가 진행되는 것이다.

이와 같은 불안과 불만이 있는 엄마와 자녀의 관계가 왜곡되기 쉬운 것은 상상하기 어렵지 않다. '왜 나만 해야 하는가'라는 불만 때문에 육아가 지겹고 힘들어지고, 자녀에 대한 분노가 생기고 더 나아가 자녀를 학대하게 되는 것은 결코 특이한 사례가 아니다. 자기 자신의 성장을 포기하고 자녀의 '성공'에 자신을 거는 '교육맘' 또한 남편과 부인의 불공평한 관계의 연장선상에 있는 것이라고 말할 수 있다.

가족 내의 개인화

일본 사회에서 변하지 않는 것은, 남성은 결혼해도 생활에 큰 변화가 없지만 여성은 결혼 후 변화가 크다는 사실이다(이와 관련하여 결혼·출산으로 퇴직하는 여성은 2005년 현재 약 67%에 이른다. 국립사회보장인구문제연구소 〈출생동향기본조사(2005년)〉 2006년).

결혼과 출산으로 직장을 떠난 여성이 육아와 가사에 전념하면 '개인'으로서 살아가는 시간과 공간은 아주 좁아진다.

'개인'으로서 살아가는 것이 당연한 오늘날 여성에게 이것은 커다란 스트레스이다. 오늘날 사람들은 가족 내에서 아내이고 엄마이지만 독립적인 개인으로서 살아가고자 하는 욕구도 강하다. 이것을 '가족 내 개인화 지향'이라고 부른다.

'부부이지만 나는 나', '자신의 세계가 있는 것은 중요하다', '가족으로부터도 방해받고 싶지 않은 시간이 있다'는 생각은, 가족의 일원으로서 아내이자 엄마이지만 한 사람의 개인으로서 시간과 공간을 확보하고 싶다는 '개인화 지향'을 보여준다. 이 '개인화 지향'은 세대를 뛰어넘어 여자에게 더 강하다. '남편의 기쁨은 나의 기쁨', '남

편이 말하지 않아도 남편의 기분을 알 수 있다', '부부는 일심동체'
등 오랫동안 부부의 이상으로 여겨지던 경향이 점점 약해지고 있는
것이다.

이와 같은 여성의 '개인화 지향'에 대하여 자기중심적이며 남편
과 가족을 소홀히 생각하는 것이라고 비난하는 목소리가 끊이지
않는다. 그러나 이것을 단지 여성이 자기중심적이라고 단정하는 것
은 잘못된 것이다. 여성의 '개인화 지향'은 사회의 변화에 따라 필연
적으로 일어났기 때문이다.

오늘날 일본에서는 1인 세대가 증가하고 있지만 특히 두드러진
것이 고령 여성의 1인 세대 증가이다. 예전에는 보통 남편이 사망하
고 혼자가 되면 자녀 세대에 흡수되었다. 그러나 늙어도 혼자서 살
아가는 선택을 하는 사람이 증가하는 배경에는 자신의 페이스와 취
향으로, 즉 '개인'으로 살아가는 것을 중요하게 생각하는 사회적 변
화가 있기 때문이다. 오랫동안 노후 생활의 이상적인 모습은 '손자와
자식에게 둘러싸여 즐겁게'였지만, 이제는 '자신의 생활을 즐겁게
잘 해나가면서 가끔 만나는' 경향이 우세하다. 여기에도 '가족이 함
께'라는 사고는 후퇴하고 '개인'으로서 행동하고 생활하려는 방향으
로의 변화가 보인다.

장수와 저출산이 재촉한 여성의 '개인화'

사람의 수명이 늘고(장수) 자녀를 적게 낳는 것(저출산)은 여성의 '개
인화'를 재촉한 결정적인 요인이다. 예전에는 여성이 평균 5~6명의
자녀를 낳아 기르고 나면 오래 지나지 않아 수명이 다하는 시대였
다. 엄마로서 힘껏 자신의 일을 다 하고 (남편은 대개 먼저 사망하니

까) 혼자 힘으로 자녀를 모두 기르면, 인생 마지막에는 자녀로부터 감사하다는 인사를 받고 주위의 존경을 받으며 충실한 인생을 마치는 것이 가능했다.

그러나 그런 상황은 크게 변했다. 장수와 저출산으로 인해 여성이 엄마 역할을 하는 기간은 긴 인생 가운데 그리 길지 않게 되었다. 자녀가 독립한 후 긴 시간을 어떻게 살아야 할지 생각할 상황이 된 것이다. '엄마로서 충실했다'는 이전 시대의 생각은 이제는 환상이 되어버렸다. 싫어도 '개인'으로 살아가야 하는 환경이 되었고 '나'라는 테마가 부상했다. 자녀와 떨어진 뒤 허탈해지지 않도록 엄마도 아내도 아닌 '개인'으로서 살아가는 것 혹은 살아가야 한다는 것을 진지하게 생각해야 한다. 육아 중인 세대를 포함해 모든 여성에게 '개인화 지향'은 장수와 저출산이라는 현실이 초래한 필연이다.

삶의 보람으로서의 가족 역할의 쇠퇴

가전제품의 도입으로 여성의 심리도 변했다. 가전제품이 없던 시대, 주부는 결혼 전에 익힌 요리 지식과 솜씨를 갈고 닦아 가족에게 맛있는 식사를 제공하고, 가족은 주부의 요리와 헌신에 감사했다. 요리 솜씨는 주부의 긍지이고 삶의 보람이었다.

하지만 가전제품의 보급과 더불어 외식의 발달, 음식의 상품화로 인해 이러한 주부의 보람은 사라져버렸다. 자신의 시간과 정성, 지혜와 힘을 발휘해 가족에게 기쁨을 주고 감사받으며 자신에 대한 자부심을 느낄 기회가 없어진 것이다.

이러한 변화 역시 여성이 아내와 주부 역할에 안주하지 못하게 만든 요인이다. 요즘에는 요리를 잘한다고 '현모양처'로 칭찬받는 시대가 아니다. 그 때문에 가사 이외의 것에서 자신을 찾고 싶고 개인으로서 자신의 힘을 발휘하고 싶어 하고 그렇게 해야 한다고 생각한다.

결혼이라는 리스크

결혼의 가치는 낮아지면서 리스크는 커진 것도 여성의 개인화 지향을 재촉하는 배경이다. 최근에는 이혼이 증가하고 있는데 특히 중장년의 이혼 증가가 두드러진다. 20여 년을 함께 살던 부부가 이혼하는 일은 예전에는 거의 없었다.

현재 이혼이 증가하고 있는 중장년은 자녀를 모두 기르고 슬슬 부부 둘이서 여유롭게 사는 시기이다. 예전에는 양육이 끝난 후 부부 둘만 생활하는 기간은 그렇게 길지 않았지만, 수명이 늘어나면서 부부 둘만의 생활 기간이 아주 길어졌다. 배우자를 간병할 일도 이 기간에 생겨난다. 노년기 부부에 관한 최근 연구에 따르면, 70세 이상 부부 가운데 건강한 남성의 74%는 자신이 몸져누웠을 때 간호는 부인이 해줄 것이라고 믿고 있지만, 자신이 아파 몸져누웠을 때 남편이 간호해줄 것이라고 믿는 부인은 30%에 지나지 않았다(나오미 미치코^{直井道子},《행복하게 늙기 위해서》, 勁草書房, 2001년). 그러나 결혼생활 중 부부관계가 좋지 않았다면 노년기에 배우자의 간호를 받기 힘들 것이다.

최근 노년기 부부관계의 질과 행복의 관계를 검토한 연구에 따르면, 남편과 아내가 상호 애정을 지니고 존중하며 결혼에 만족하고 있는 부부는 40%로, 남은 과반수는 표면적으로는 사이 좋은 커플처럼 보이지만 한쪽이 타협하거나 참으면서 사는 부부였다(우츠

노 미야히로시[宇都宮博] 《노년기 부부관계에 관한 발달심리학 연구》, 風間書房, 2004년). 이와 같은 부부관계에서는 배우자의 간병을 기대하는 것은 어려울 것이다. 다음에 소개하는 65세 여성이 신문에 투고한 〈계속되는 폭력〉은 극단적인 경우이지만, 간병을 하면서 부부관계가 끔찍하게 되고 마는 사정을 잘 보여주고 있다.

"또 남편에게 폭력을 휘두르고 말았다. 다시는 그러지 않겠다고 굳게 결심했는데도.

남편은 75세로 몸에 검은 반점이 있다. 몇 군데 몸이 안 좋은 데가 있어 주 3회 병원에 가야 하는데 나도 따라가야 한다. 화장실에 혼자 가고 식사를 혼자서 할 수 있는 것은 고마운 일. 혼자서 외출도 하지만 시간 감각이 없어서 늦어지면 찾아나서야 한다. 이 정도는 괴로운 게 아니다.

하지만 내가 남편에게 화가 나는 것은 젊었을 때부터 제멋대로 살고, 아내는 자신과 가족을 위해 일하는 도구로만 생각하고 나를 촌년이라고 무시했을 뿐만 아니라 매일 술 마시며 친정집 험담을 했기 때문이다. 그 시절 나는 반박도 못한 채 억울해서 얼마나 눈물을 흘렸던가. 하지만 자식들 때문에 참았다.

그것을 본 신이 내 편을 들었는지 지금은 입장이 역전되어 버렸다. 그래도 남편의 성격은 고쳐지지 않고 지금도 나를 바보로 여기곤 한다. 내가 남편에게 폭력을 휘두르고 마는 것은 그럴 때이다. 지금 나를 무시하는 남편의 얼굴을 보며 예전 미웠던 남편의 행동이 떠오르는 순간 그만 손이 나가버린다. 요즘 노인에 대한 학대가 문제가 되고 있다. 물론 학대를 하면 안 되지만 노인 학대의 원인 중에는 과거에 원인이 있는 경우도 있다. 자신을 소중히 여기는 사람이라면 상대방이 늙어서 손이 가는 일이 많다고 폭력을 행사하는 일은 없을 것이다."

〈아사히신문 2003년 11월 20일〉

이처럼 부부 둘이서 느긋하게 '평온한 노후'를 보내는 것은 쉽지 않은 일이다. 결혼의 이상인 '백년해로', '죽음이 우리를 갈라놓을 때까지'를 이루기에는 노후가 너무 길어졌다.

요즘 일본의 부부는 연애결혼을 해서 결혼 직후의 만족도는 남편과 부인이 똑같이 높지만, 시간이 지날수록 남편은 만족, 부인은 불만족이라는 큰 격차가 생긴다(그림 3-1). '다시 한 번 결혼한다면 누구와 하고 싶습니까'라는 질문에 중장년 남성·남편의 71%는 지금의 부인을 선택하지만, 여성·부인은 지금의 남편이라는 대답이 43%에 지나지 않는다. 남편과 부인의 결혼만족도는 해가 갈수록 어긋난다(카시와기 게이코柏木惠子, 센보 미유키數井みゆき, 오오노 사치코大野祥子〈결혼·가족관에 관한 연구〉,《제7회 일본 발달심리학회 대회 발표논문집》1996년).

'애정이 없다면 이혼하는 것이 좋다'는 의견은 세대를 불문하고 많은 사람에게 지지받고 있다. 애정이 기반이 되어 연애를 하고 결혼도 하지만, '사랑은 영원히'는 환상이고, 애정은 변하기 쉬운 것이라는 것을 깨닫는다. 부인 측이 불만이 더 많은 것은 가정 내의 불평등한 관계와 '개인'으로 살아가는 것의 어려움과 관계되어 있다. 이러한 불만을 안은 채 그냥 지나쳐 가기에는 노후가 너무 길다. 이혼을 결심하는 부인이 '한번 잘 살아보고 싶다', '자신을 찾아 살고 싶다'고 생각할 정도로 노후는 길어졌다.

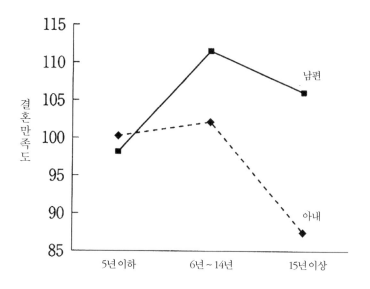

그림 3-1 결혼배우자에 대한 만족도
출처 : 스기와라 마스미菅原ますみ, 고이즈미 사토에小泉智惠 외 〈부부 간의 애정관계에 관한 연구〉 ⑴~⑶ 《제8회 일본
발달심리학회 대회 발표논문집》 1997년

부부관계와 부모자식 관계

중장년 부부에게 나타나는 결혼만족도의 차이는 갑자기 생겨난 것
이 아니라, 자녀가 태어났을 때로 거슬러 올라간다. 미국의 가족·발
달심리학자인 제이 벨스키Jay Belsky와 존 케리John Kerry가 저술한 《자녀
가 생기면 부부에게 무슨 일이 일어나는가》라는 책이 있다. 미국 부부
에 대한 연구 결과를 담은 이 책에서 저자는, 미국에서는 자녀가 태
어나면 부부의 애정과 파트너십이 약해져 일시적으로 배우자에 대
한 만족도가 낮아진다고 말한다. 즉 자녀는 남편과 부인 사이를 옭
아매는 '자물쇠'라고 말한다. 일본에서 '자녀는 부부의 연결고리', '자

녀는 보물'이라고 하는 것과 상당한 인식 차이가 있다. 왜 이러한 차이가 생긴 것일까.

서구에서 가족의 중심은 부부여서 부부의 파트너십이 가장 중요하다. 자녀가 있어도 부부의 생활과 행동을 바꾸지는 못한다. 필요하면 아이는 베이비시터에게 맡기고 부부는 자신의 생활을 해나가는 것을 중요하게 여긴다. 자녀가 있고 엄마라는 것으로 인해 활동을 제약받는 것은 통용되지 않는 부부 중심의 가족이다.

하지만 일본에서는 결혼 초기는 연애의 연장으로 부부 중심이지만, 자녀가 태어나면 부부의 파트너십은 옆으로 밀려난다. 남편과 부인은 모두 부모가 되지만, 실제로 '부모 역할을 하는' 것은 엄마뿐인 경우가 압도적으로 많다. '남성은 일, 여성은 가정'이라는 성별 분업체제가 자녀의 탄생을 계기로 성립하는 것이다. 모자 중심 혹은 자녀 중심 가족이라고 말할 수 있다. 부부관계보다 자녀를 중심에 두거나 실제로 가족의 중심은 부모 자식이라기보다 엄마와 자식이라고 말할 수 있다.

이것을 단적으로 보여주는 것이 가족의 취침 패턴이다. 아이가 태어나기 전에는 대개 부부가 같은 방에서 잠을 자던 것이 아이가 태어나면 부부의 침대에 자녀가 끼어들어 '川' 모양이 되는 것이 일본에서는 통례이다. 남편은 다른 방에서 자고 엄마와 아이가 같은 방을 쓰는 경우도 드물지 않다. 아이가 네 살 정도가 될 때까지는 보통 엄마와 같이 자는데, 이것은 부부 중심인 다른 나라에서는 볼 수 없는 일본의 특징이다.

일본에서는 '아이는 엄마와 함께 있는 것이 좋다', '아이에게는 엄마가 절대적'이라는 사고방식이 강하기 때문이다. 그리고 남편이 아내와 다른 방에서 자는 (서구에서 보면 부부의 위기로 보일 것이다) 것은, 아기가 밤에 울어 남편이 잠을 못 자면 일에 지장을 초래한다는 배려에서 대부분 아무런 의문 없이 받아들인다. 즉 아빠는 아이의 아빠, 아내의 남편으로서가 아닌 무엇보다도 직업인으로서 대접받고 있다.

아빠는 일, 엄마는 육아라는 분업체제를 결정할 때는 잘 될 것이라고 기대했을지도 모른다. 그렇지만 분업체제의 안정은 길게 지속되지 않는다. 부모 역할을 혼자서 담당하는 엄마에게도, 구체적이고 직접적인 부모 역할은 하지 않는 아빠에게도 점차 문제가 드러난다. 이미 보았던 것처럼 일을 그만두고 전업주부가 된 부인은 직업이 있는 엄마보다 '육아 불안'에 빠질 확률이 높다. 또 아빠가 육아에 불참하는 것은 엄마의 불안과 불만을 증폭시킨다. 그러한 부부 간의 마찰과 부조화가 자녀에게도 파급되고 급기야는 자녀가 문제를 일으키는 배경이 된다.

자녀는 처음에는 부부에게 새로운 생활의 '연결고리'이다. 그러나 육아에 모든 것을 바쳐야 하는 엄마에게 자녀는, 자신을 사회로부터 고립·소외시키며 '개인'으로서의 생활을 빼앗고 옭죄는 존재로 비쳐진다. 엄마와 자녀 관계가 강한 것은 반대로 말하면 부부관계가 약하다는 것이다. 즉 부부간 파트너십이 부재하다는 것이며, 이것은 육아 과정에서 느끼는 엄마의 불안에 커다란 영향을 미친다.

3. 가정 내 돌봄의 중요성이 커졌다

가족 내 돌봄이라는 관점

엄마의 심리적 안정은 부부관계에 대한 만족과 밀접한 관련이 있다. 앞의 그림 3-1에서 본 것처럼 아내의 결혼만족도는 시간이 지나면서 낮아지고 남편과 차이가 생기는데, 왜 이와 같은 차이가 생기는 것일까. 엄마의 불만과 불안은 단순히 혼자서 육아를 담당하고 있다는 것에 그치지 않는다. 육아뿐만 아니라 남편과 아내는 가족이 육체적·정신적으로 건강하게 잘 지낼 수 있도록 돌봐야 한다. 그런데 가족을 돌보는 일도 아내가 도맡아야 한다는 사실이 아내의 불만과 불안을 일으키는 원인이 되는 경우가 많다.

가족생활에는 3종류의 돌봄이 있다. 가족을 위한 가사, 자녀가 태어난 후의 육아, 그리고 남편과 아내의 상호 심신의 돌봄이다. 이 가운데 세 번째는, 부부가 상대의 심신의 상태를 배려하고 지원해주는 행동을 말한다.

육아 중인 부부를 대상으로 가족에서 이루어지는 3종류의 돌봄에 관하여 조사한 연구가 있다(히라야마 준코平山順子 〈가족을 '돌본다'는 것〉《가족심리학연구》 13권 1호, 1999년 5월). 남편과 아내의 돌봄

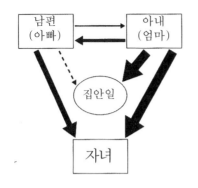

그림 3-2 가족 구성원 간의 돌봄 관계

출처 : 히라야마 준코平山順子 〈가족을 '돌본다'는 것〉
《가족심리학연구》 13권 1호, 1999년 5월

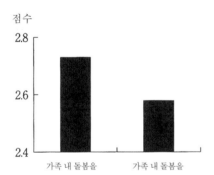

그림 3-3 가족 내 돌봄을 부인이 하고 있는 경우의
부정적 감정

출처 : 3-2와 동일

수행을 비교한 이 연구는 남편과 아내가 각각 어느 정도 돌봄을 하는지에 대한 상세한 대답을 구하였다. 연구 결과 가족에게 필요한 3가지 돌봄 모두 부인이 압도적으로 많이 담당했으며, 남편은 누구를 돌보는 것이 아니라 오히려 돌봄을 받는 경우가 많았다. 그림 3-2는 남편과 부인의 돌봄 수행을 점수화 하여 가족 내 돌봄 상황의 분류와 분포를 보여준다.

남편이 직장에 다니고 부인이 전업주부인 경우는 남편이 집에 있는 시간이 한정되어 어느 정도는 어쩔 수 없을 수도 있고, 남편과 부인이 모두 납득한다면 그런 대로 안정을 유지할 수 있다.

하지만 이렇게 돌봄을 한쪽에서 도맡아 하는 경우 배우자와 결혼에 대한 부인의 만족도는 저하된다(그림 3-3). 가사·육아 쪽은 그렇다 치고, 남편과 부인이 서로 심신을 돌봐주는 것은 연애결혼한 부부에게는 가장 중요한 일이다. 이러한 돌봄은 가사·육아와는 다르게 집에 있는 시간에 좌우되지 않고 본인에게 뜻이 있다면 할 수 있는 일이다. 그러나 실제로는 부인은 남편을 돌봐주는데 남편이 부인을 돌봐주는 경우는 적다. 연애결혼이 일반적이어도 그러한 커플이 여전히 많은 것이다.

가사·육아뿐만 아니라 남편과 부인 사이의 돌봄까지 대부분 부인이 담당하는 것에서 돌봄은 여성의 역할이라는 암묵적인 사회의 전제를 엿볼 수 있다. 부부간의 돌봄은 곧 간호의 문제로 연결된다. 이미 앞에서 살펴보았듯이 고령기 남편의 70% 이상이 자신이 아파서 몸져누웠을 때 간호자로 부인을 원한다는 것에서도 돌봄은 여성의 역할이라는 뿌리 깊은 사고를 엿볼 수 있다.

오늘날 평등과 자유는 누구나 인정하는 중요한 이념이지만 가족이라는 영역에서는 그렇게 중요하게 받아들여지지 않고 있다. 가족은 공적인 세계나 일반 집단과는 달리 이타성, 즉 사심없는 사랑이 작동되는 곳으로 여겨, 그러한 이념이 미치지 않는 소위 '치외법권적 성역'으로 간주된다. 여성이 무상으로 돌보는 것을 당연시하는 것이다.

그러나 이제 가족 기능의 변화와 함께 이것을 다시 살펴볼 필요가 있다. 성별 분업이 최적성을 지니던 때는 지나고, 이제 여성은 돌봄을 둘러싼 비형평성에 민감하다. 여성들이 '이기적인 것 아니야'라는 이의신청을 하는 것도 당연한 일이다.

부부간 커뮤니케이션 부재

부부의 역할을 일과 가정으로 나눈 경우 부부는 각각 다른 생활을 경험한다. 그 결과 부부의 커뮤니케이션 스타일도 크게 변한다. 일본

표3-1 남편과 아내의 커뮤니케이션

태도차원(항목 예)	커뮤니케이션 태도의 방향과 정도	부부간 점수 차
위압(6항목) 일상생활에서 필요한 용건을 명령조로 말한다 상대가 말하는 것이 마음에 들지 않으면 바로 화를 낸다 상대를 약간 깔보는 듯이 대답한다	남편 ➡ 아내	0.40
무시 · 회피(4항목) 상대의 말에 대충 맞장구를 친다 다른 것을 하면서 건성으로 듣는다	남편 ➡ 아내	0.33
의존적 접근(7항목) 고민이나 힘든 일이 있으면 상대와 상담한다 대화가 중단되면 먼저 화제를 꺼낸다	남편 ⬅ 아내	-0.33
공감(5항목) 상대가 고민을 이야기하면 성심껏 함께 생각한다 상대가 기운이 없어 보이면 상냥하게 말을 건다	남편 ⬅ 아내	-0.11

주 : 화살표 부분은 부부 간 득점차를 근거로 그린 이미지
출처 : 히라야마 준코平山順子, 게이코 가시와기柏木惠子 〈중년 부부의 커뮤니케이션 태도〉《발달심리학연구》 12권 3호,
2001년 11월

의 부부는 대화가 적은 것이 특징이다. 일본에서는 '말하지 않아도 알아준다', '(침묵하고 있어도) 서로 안다'는 관계를 이상적인 것으로 여겨 그것이 가능한 부부관계가 좋다고 생각해왔다.

그러나 이런 것은 오늘날 부부에게는 통용되지 않는다. 특히 아내 쪽에서 남편과 커뮤니케이션의 부재와 불통을 한탄하는 목소리가 많다. 남편은 만족하지만 아내는 불만을 느끼는 등 심리적 차이가 큰 중년기 부부를 대상으로 부부 간 대화를 분석하고 검토하는 연구가 많이 이루어졌다. 이 연구들을 통해 명확하게 드러난 것은 남편과 부인이 대조적인 커뮤니케이션 스타일을 지니고 있다는 것이다.

남편 쪽은 상대와 대화가 적고, 덮어놓고 다짜고짜 결론을 내리고(주장과 위압), 상황이 나빠지면 입을 다물고 건성으로 듣는 등 '무시·회피' 경향이 강하게 엿보인다. 이에 반해 부인 쪽은 상대에게

말을 걸고 같이 나눌 화제를 꺼내는 등 '접근', 혹은 상대의 입장이 되어 공감하고, 격려하고, 상냥하게 말하는 등 '공감'이 강한 경향이 엿보인다. 그런데 여기에서 보이는 두 사람의 관계는 대등하다고 말할 수 없다. 남편은 위, 부인은 아래에 있는 것처럼 보이며 부인은 남편의 기분을 풀어주며 무언가 대화하려는 풍경이 엿보인다(표3-1).

왜 이와 같은 차이가 생긴 것일까. 요즘 부부는 보통 연애결혼한다. 연애를 할 때나 결혼 초기에는 친밀하게 대화를 많이 나누고 그것이 상대의 매력 가운데 하나였을 것이다. 대화가 잘 통한다는 것은 결혼에 이르기 위한 중요한 요소이기 때문이다. 자신이 생각하는 것을 가장 잘 들어주는 것이 파트너이고 대화를 하는 것이 즐거웠다. 그러던 것이 왜 이렇게 대화가 재미없게 되고 부부 관계는 수직적으로 된 것일까.

부부의 젠더관

결혼하면 이심전심하는 관계가 되어 부부 사이는 신경 쓰지 않고 살고 싶을 수 있다. 실제 남편 쪽에서는 이렇게 생각하는 경향이 엿보인다. 하지만 부인 쪽은 남편과 대화가 잘 안 되는 것을 섭섭하게 생각하고 불만이 있는 경우가 많다. 특히 전업주부의 경우 그런 경향이 엿보인다. 전업주부가 접하는 것은 보통 자녀와 이웃 사람 정도로(최근에는 이웃 사람들과 접촉도 적어졌지만) 사회적으로 고립되기 쉬워 전업주부에게 남편은 대화를 할 수 있는 귀중한 상대이다. 그럼에도 남편과 공감하는 대화를 할 수 없다는 것은, 자신이 인정받고 지지받고 있다는 느낌을 지닐 수 없게 만든다.

남편과 대등하고 공감적인 커뮤니케이션을 한다는 것은 자신이 남편으로부터 인정받고, 자신의 입장과 문제를 이해받는 것이다. 즉 그것은 돌봄을 받는 것이다. 자신은 공감하는 태도로 남편을 대하는데 남편에게서는 그러한 공감을 받지 못하는 상황, 즉 자신은 남편을 돌보는데 돌봄을 받지는 못하는 상황이다. 그것으로 인해 아내는 슬프고, 남편과 관계에 실망하여 더 기대하지 않고 체념하는 경우도 많다. 그로 인해 아내는 자녀나 가족 외의 친구들과 관계에 치우치기도 한다.

사회언어학자인 스펜서는 이것을 '말은 남자가 지배한다'고 적절하게 표현하는데 (스펜더 D. 레이놀즈,《말은 남자가 지배한다》, 勁草書房, 1987년), 이성간의 대화에 나타나는 특징이 부부간에도 나타난다는 것이다. 남녀의 대화를 분석해보면 새로운 화제를 꺼내고, 화제를 바꾸고, 상대의 말을 끝내는 등 주도권은 남성이 지니고, 여성은 남성의 말에 동의하고 상대의 말을 보충하는 등 종속적 역할을 하는 경우가 많다. 남성이 위에 있어 상대를 리드하고, 여성은 그것에 따라 상대에 맞추어주는 관계이다. 이것은 남성은 강하고 논리적이고 리더십이 있을 거라고 기대하고, 여성은 상냥하고 순종할 것을 기대하는 젠더 규범이 내재화되어 있는 것을 보여준다.

많은 사람이 남녀평등 사상을 실천하는 오늘날에도 남성과 여성은 연인관계가 되면 말도 행동도 젠더화하는 경향을 보인다. 데이트 장소와 메뉴의 결정을 남성에게 맡기고 여성은 상대방을 여러 방면에서 돌보는 것이다. 이렇게 연애 중에 성립한, 남성이 리드하고 여성은 따르는 관계는 결혼 후에도 지속되고 결국 앞에서 서술한 것과 같은 부부 커뮤니케이션이 되기 쉽다.

20여 년 전, 국철(현 JR)이 '블루문'이라는 부부 동반 할인 티켓을 발매했다. 중장년 부부 사진이 들어간 홍보 포스터에는 '뒤를 돌아보면 그대가 있네'란 카피가 들어갔다. 회사 단체여행과 출장뿐이었던 중년 남성을 타깃으로 한 부부여행 티켓 판매였다. 그러나 부부 동반 여행을 갔던 부인들은 대화가 잘 되지 않는 남편보다 친구나 딸과 여행하는 편이 좋다는 의견이 많았다.

그러한 여자들의 목소리를 반영하여 그후 여성끼리 여행할 수 있는 할인 티켓이 발매되었다. 이러한 예를 통해서도 남편과의 대화 부재 혹은 대화가 있어도 공감 받는 대화를 할 수 없는 상황을 엿볼 수 있다.

가족 내에서도 형평성은 중요

"내가 가족을 먹여 살리고 있다", "누구 덕분에 먹고 사는지 생각해봐" 등 남편이 아내와 자식에게 하는 위압적인 말이 현재도 귀에 들려온다. 그러한 말은 성의 강요와 신체적 폭력에 필적하는 심리적 폭력이기 때문에 DV$^{Domestic Violence}$(가정폭력)의 범주에 들어간다. 그런데 이 말은 '아내와 자식 때문에 일을 하며 그것은 남자의 의무'라고 생각하는 남성 젠더에 사로잡혀 있음을 보여주며, '먹여살린다'는 것은 남자의 보람과 자부라는 심리도 엿보인다. 사회에서 경제력은 종종 권력과 결부되지만, 이러한 남편의 태도에도 일반 사회와 같은 관계가 남편과 부인 사이에도 일어나기 쉽다는 것을 시사한다.

이미 이야기했듯이 부부 간의 성별 분업이 기능적으로 작동하던 예전과 현재는 가족의 역할과 내용이 크게 변했다. 또 결혼에 대해서도 그 가치보다 리스크가 의심받는 시대이다.

이러한 변화 속에서 가족을 이타적인 헌신에만 맡기면 여러 문제가 생긴다. 오늘날에는 가족 간에도 자신이 상대에게 해주고 있는 것과 자신이 상대로부터 받는 것이 대등하기를 바라기 때문이다. 자신이 상대로부터 받는 것이 적다면, 즉 과소 이익이라고 느끼면 결혼에 대한 만족도는 저하된다. 가족 내 무상의 행위가 당연시되고 그것이 불공평하다고 느끼지 못했던 시대와는 달라진 것이다.

일반적인 대인관계에서는 자신이 집단과 상대에게 공헌하는 것과 집단과 상대에게서 자신이 얻는 것의 균형이 중요하다. 이것이 붕괴되면 그 사람은 자신이 속한 집단과 상대에게서 떠나는 경향이 있다. 이것은 사회적 교환이라는 이론으로 설명되는데, 이러한 대인관계의 경향이 가족 내에서도 작동한다.

대등한 친구로 출발한 연애결혼 부부는 대등한 관계를 추구한다. 그러나 이것을 계속 유지하는 것은 쉬운 일이 아니며, 경제력의 차이는 대등성을 저해하는 커다란 요인이 되기 쉽다.

다만 남편의 태도는 부인의 경제력만으로 좌우되는 것 같지 않다. 이것을 상세하게 분석한 연구에 따르면, 자신과 비슷한 벌이를 하는 부인을 둔 남편은 부인의 사회적 역량을 경제적인 평가 이상으로 존중해준다. 또 남편으로부터 존중받을 정도의 인품과 능력을 지닌 부인은 사회에서도 높은 평가를 받고 결과적으로 경제력도 지닌 경우가 많다.

생활경험과 커뮤니케이션 스타일

남편과 부인의 생활과 경험이 분리되어 있는 것은 두 사람 간 커뮤니케이션의 분열을 가져온다. 사람의 커뮤니케이션 스타일은 말하는 상대, 내용, 목적, 상황 등에 따라 미묘하게 영향을 받는다. 그 사람의 생활 영역과 경험에 의해 특정 스타일에 익숙해지는 것이다.

아이가 태어난 것을 계기로 남편은 직업, 부인은 가정이란 성별 분업을 택하면, 남편은 시간적으로나 심리적으로 직장생활을 중요하게 여기게 되고 가정생활과 이웃과의 교류는 축소될 수밖에 없다. 남편의 주된 생활공간인 직장에서는 논리적으로 분명하고 확실한 표현이 중시되고, 감정적인 말과 장황한 표현은 피한다. 그리고 여러 가지 일에 대해 개괄적, 추상적으로 파악하는 스타일(리포트 토크라고 말한다)이 필요하고 일을 통해 그것이 익숙해진다.

이에 반해, 직장을 그만두고 가정이 주된 생활공간이 되어 자녀와 이웃과의 교류가 일상이 된 여성에게는 직장에서와 같은 리포트 토크는 그렇게 필요하지 않다. 자녀와 이웃과 관계에서 리포트 토크는 통용되지 않는다. 논리보다도 정감 - 상대의 감정을 민감히 파악하여 자신의 감정을 이입하여 말하고, 논리적·추상적인 내용보다 구체적인 말이 필요하다. 이러한 말은 라포^{rapport} 토크라고 말한다.

이렇게 직장과 가정으로 생활을 분리한 남편과 아내는 자신도 모르게 대조적인 커뮤니케이션 스타일에 익숙해진다. 이와 같은 두 사람이 각각의 커뮤니케이션 스타일로 대화한다면 양쪽이 입을 다물고 상대를 비난하기 쉽다.

남편은 위압적이고 부인의 말을 무시하고, 부인은 화제를 제공하고 공감한다. 이미 보았듯이 이러한 대비는 직장과 가정이라는 다른 생활의 장을 가진 결과로 생겨난다.

이와 같은 점에서 보면, 부인이 무직인 경우에 남편의 '위압'이 많은 것은 어떤 의미에선 당연한 결과라고 말할 수 있다. 남편은 자신이 잘 알지 못하는 자녀의 일과 이웃에 대한 이야기는 적당히 들을 수밖에 없다. 그러나 부인이 직업이 있는 경우에는 커뮤니케이션 스타일에서도 화제에 있어서도 남편과 부인의 접점이 많다.

남녀 간 커뮤니케이션의 차이

화제가 된 책《말을 듣지 않는 남자 지도를 읽지 못하는 여자》는 현재도 널리 읽히고 있다. 이 책의 저자에 따르면, 남성이 '말을 듣지 않는' 것은 대뇌 언어를 담당하는 부분의 성차에 의한 것이고, 남녀의 뇌의 구조가 다르기 때문이라는 극히 단순한 이야기를 한다.

최근 뇌 과학에 따르면 뇌의 구조에 성차가 있다는 것은 사실이다. 그렇지만 고등동물인 인간의 행동은 뇌의 구조로만 규정되는 것은 아니다. 물론 뇌와 유전 등 생득적인 요인은 행동의 중요한 기반이지만 인간이 어떠한 체험을 하고 어떤 자극을 받고 교육을 받았는가 등도 행동에 영향을 미친다. 발달심리학의 모든 연구는 이것을 밝혀준다. 뇌가 절대적인 결정 요인이라면 이렇게 많은 돈을 교육과 환경에 투자할 필요가 없을 것이다.

부부가 말이 통하지 않는 것은 주된 생활공간이 남편은 직장, 아내는 자녀와 집안으로 분리되어, 각각 한쪽으로 치우친 커뮤니케이션을 하기 때문이다.

남편은 세세한 감정을 구체적으로 이야기하는 아내를 참을 수 없어 "요약하면 뭐냐고?"라며 문답무용問答無用(논의, 대화를 해도 아무 이익이 없음_옮긴이)으로 다그쳐 결론을 내려 한다. 감정을 드러내고 이입하여 구체적으로 대화하는 스타일에 익숙하지 않은 것이다. 반대로 이론을 근거로 간결하게 말하는 남편의 방식에 부인이 자신의 마음을 모른다고 불만이 생기는 것은, 여자들은 감정을 중요하게 여기고 상세하고 구체적인 커뮤니케이션에 익숙하고 그것이 좋다고 생각하기 때문이다.

장수시대 부부의 파트너십

남편은 밖에서 일, 아내는 엄마·주부로서 가정을 지키는 일에 전념하는 성별 분업의 생활은, 다른 말로 하면 자녀가 생기면 부부의 파트너십이 무너지기 쉽다는 것을 의미한다. 자녀가 생기면 부인은 남편과의 관계보다 엄마로서 자녀와 강한 유대를 가진다. 처음에는 이것이 좋다고 생각하지만 점차 두 사람 간에 다양한 균열이 생겨나는데, 이것은 이제까지 일본에서 당연하게 여기던 가족의 모습에 기능적으로 문제가 생기는 모습을 보여준다. 시간이 지날수록 서서히 결혼 만족도와 상대에 대한 애정이 줄어드는 것은 이러한 균열이 커진 결과이다.

단카이 세대(1947~1949년경에 태어난 세대_옮긴이)가 대량으로 퇴직하는 시기인 최근에는 그들의 동향이 화제로 등장했다. 퇴직한 단카이 세대는 지역의 자원봉사 활동을 비롯해 취미활동 등 다양한 활동을 한다. 하지만 그러한 활동도 중요하지만 더 중요한 과제는 오랫동안 가정에서 하지 않았던 역할의 분담, 자녀가 태어난 이래 단절되었던 부인과 파트너십을 다시 회복하는 것이다. 이 과제는 장수시대 부부 앞에 새롭게 부상한 가족발달상의 긴급한 과제이다.

'예방심리학'의 필요성

이제까지 남편과 아내가 어떻게 일과 관련되어 있는가 하는 사실이 부부관계 및 부모 역할과 불가분으로 관계된 것을 보았다. 또 어떻게 생활해야 몸과 마음이 건강하고 행복할 수 있는지에 대해서도 살펴보았다. 육아 불안과 자식과의 불화, 부부 간의 어긋남 등 부모의 역할과 부부관계에서 해결해야 하는 문제가 많은 것을 알 수 있었다. 그 때문에 상담을 받으려는 사람도 많아졌다. 상담은 유용한 부분도 있지만 문제가 생긴 이후의 상담과 치료는 해결에 한계가 있다. 문제가 일어나기 전에 예방적인 교육과 상담이 거의 이루어지지 않는 상황을 먼저 개선해야 한다.

이 때문에 나는 '예방심리학'의 필요성을 지적하고 싶다. 가족심리학과 임상심리학, 산업심리학은 부부, 부모 자식, 직업 등에 대한 많은 연구를 진행하여 성과를 축적했으며 그러한 견해를 최대한 살리는 것은 중요하다. 하지만 문제가 생기기 전 어떤 예방 조치도 이루어지지 않아 문제가 일어나고 그후 대증요법^{對症療法}(그때그때의 증상에 따라 하는 치료법_옮긴이)을 시행하거나 임상 상담을 하는 현재 상황으로는 문제가 줄어들지 않고 해결도 힘들다. 이미 의학 분야에서는 예방의학이 중시되어 일상생활에서 예방 지식이 넓어지고, 건강에 대한 교육이 활발히 이루어지고 있다. 마음의 문제와 삶의 방식의 문제에서도 그러한 방법이 필요한 때이다.

최근 커리어 교육 혹은 커리어 카운슬링이라는 말을 하는데, 커리어는 직업만을 가리키는 것은 아니다. 커리어 교육과 커리어 카운슬링은 직업 지도와 상담뿐만 아니라 자신의 일생을 어떻게 자립적으로, 몸과 마음이 모두 건강하고 행복하게 살아갈 것인가를 검토하는 것이기도 하다. 그리고 그 목표를 위해 일과 가정생활을 어떻게 조화롭게 이끌어갈 것인지 계획하는 것으로, 남성과 여성 모두 한 명의 성인으로 살아가기 위한 공통 과제이다.

부모는 자녀에게 이것저것, 어느 학교에 갈 것인지, 무엇을 전공할 것인지 등 공부와 관련된 지도만 해준다. 그러나 그 이전에 자신이 무엇을 하면 삶의 의욕이 생기고 사회에 공헌할 수 있는지를 생각하는 것이 우선이다. 그러한 것 없이 오직 '좋은 학교'에 들어가는 것만을 목표로 하거나, '잘 되라'는 부모의 생각에 자녀의 모든 것이 좌우되는 현재 상황에서는 문제만 더욱 커질 뿐이다.

결혼이 하나의 리스크가 될 수도 있다고 의심받는 시대에는 무엇을 원해 결혼하는지 더 나아가 자녀를 가질 것인가, 즉 부모가 되는 것과 부모 노릇을 하는 것이 자신에게 어떠한 의미와 가치를 지니고 있는지에 대해서 사전에 확실하게 검토할 필요가 있다. 그렇지 않으면 '육아 불안'이 커져 부부 사이의 심리적 차이를 줄이기 힘들며, 부모에게서 안정된 양육을 받지 못하는 환경에서 자라는 아이들만 증가할 뿐이다.

제4장

'인간 발달'의 관점으로 살펴보는
양육 조건

1. 인간 발달의 원칙과 육아

이제까지 우리 사회에서 부모 자식과 육아에 어떠한 문제가 일어나고 있는지를 살펴보았다. 그리고 그러한 문제가 일어나는 요인의 하나인 부부 문제에 대해서도 살펴보았다.

'잘 기르기 전략'이라는 기치 아래 수치상으로는 고학력화가 이루어졌지만, 등교거부와 히키코모리 등 자녀의 발달상의 문제도 발생해 자녀를 잘 기른다는 것의 내용이 실질적으로 좋아졌다고는 말할 수 없다. 게다가 이혼과 폭력 등 가족 간의 문제도 표면화되고 있다.

이러한 문제의 뿌리에는 '아이를 기르는 육아'는 있지만 '아이가 스스로 성장하는 것'은 부재한 상황이 있다. 또 가정의 경제를 책임지는 역할과 자녀를 기르는 양육 역할이 한쪽으로 치우쳐 있어 어른 자신의 발달이 불완전하게 이루어지고 있는 것도 지적할 수 있다. 그러나 이것은 모두 인간 발달의 원칙에 거스르는 것이다. '인간은 어떻게 성장하는가'라는 인간 발달의 기본 원칙에 대한 이해가, 교육에 열을 올리는 부모에게도 가정교육의 부실을 비판하는 사람들에게도 결여되어 있는 것처럼 보인다.

발달심리학은 인간은 어떻게 성장하고, 어떠한 요인이 성장에 관여하는지에 관해 많은 연구성과를 축적하고 있다. 이번 장에서는 그러한 발달심리학의 연구에 근거하여, 인간 발달의 기본 원칙을 확인하면서 오늘날 사회에서 나타나는 육아와 가족의 문제를 재검토해 볼 것이다. 그리고 자녀를 기르는 조건, 즉 자녀가 '발달을 잘 이루어갈 수 있는 환경'은 무엇인지 제안하고 싶다.

선천적인 지적 호기심

인간의 아기는 약 280일이라는 긴 시간을 엄마 뱃속에서 지낸 다음 태어난다. 그렇게 긴 시간을 엄마 뱃속에서 지낸 다음 태어나지만 아기는 다른 동물들과 달리 다 자라지 않은 채 태어난다. 태어난 이후에도 얼마 동안은 보호자가 잠시도 눈을 뗄 수 없이 미숙하고 무능한 존재이다. 아기는 태어난 후 누군가가 양육해야 하는 존재로, 인간은 자신의 아이를 기르는 것을 당연하게 생각한다. 이런 사실로 인해 부모를 비롯하여 양육에 관계하는 사람들은 '어떻게 기를 것인가'에 대하여 노심초사하고, 발달심리학에서는 어떤 양육법이 좋은가에 대한 연구를 계속 해오고 있다.

그러나 최근 20~30년 사이 아기에 대한 연구는 급속히 진행되었고 그 성과는 이제까지의 연구 관점을 크게 바꾸어 놓았다. 아기는 어떤 의미에서 미숙하고 무능하지만 그런 미숙하고 무능한 모습 속에 가려져 있던 아기의 새로운 측면이 발견되었다. 즉 미숙하고 무능한 한편, 아기는 뛰어난 능력을 가졌다.

이제까지 아기는 눈을 초롱초롱 뜨고 있어도 사물을 명확히 보는 것은 아니라고 알려졌었다. 그러나 최근 연구에 따르면 아기의 시각은 민감하고 정확하며 적극적이기까지 하다. 시야에 있는 것을 수동적으로 보는 것이 아니라 보고 싶은 것을 보고, 복잡한 것과 신기한 것을 선택해 볼 정도로 호기심이 가득하다.

눈의 기능뿐 아니라 청각도 발달했다. 태아기부터 엄마의 음성을 식별하고 태어난 후에도 청각 자극에 민감하다. 특히 사람의 목소리에 특별한 관심을 보이며, 자신에게 관심이 있는 사람을 좋아한다. 이 '유능한 유아'의 발견은 이제까지 중시되어 왔던 양육법과 환경을 근본적으로 재고하게 만들었다.

아직 앉지도 못하고 잠만 자는 아기가 복잡한 것, 새롭고 신기한 것, 인적人的인 것을 적극적으로 찾을 뿐만 아니라 세부적인 특징을 파악하려고 활발히 시선을 움직이면서 응시한다. 누가 시킨 것도 아니고 열심히 본다고 무언가 이득이 생기는 것도 아니다. 그래도 아기는 자발적으로 외부 세계를 탐색하여 복잡한 정보를 받아들인다. 이러한 사실로 미루어 아기가 자신의 신체 기관을 최대한 사용하여, 외부 세계를 탐색하고 자극을 추구하는 호기심을 지니고 있다는 것을 인정하지 않을 수 없다.

아기는 성장하면서 스스로 할 수 있는 것이 많아지며, 새로운 힘을 사용하는 것과 그 힘으로 할 수 있는 것에 강한 흥미를 갖는다. 예를 들면, 공을 손으로 붙잡아 던질 수 있게 되면 아기는 수없이 공을 계속 던진다. 어른의 시각에서 보면 '왜?'라고 생각할 정도로 무용한 집착으로 보인다. 그러나 아기는 자신이 할 수 있게 된 힘을 사용하여 외부 세계를 탐색하고 발견하며, 그럴 때 지적호기심이 충족되어 행복해진다.

아기는 손의 힘을 조절해서 공을 돌리는 방향을 다르게 하고, 또 방의 구조와 방에 있는 물건에 부딪혀 공이 튕겨나가는 방향이 바뀐다는 인과관계를 발견한다. 그뿐 아니라 어디로 공을 던질지 목표를 정해 시도해보기도 하고, 힘을 주는 방향과 장애물의 위치를 바꾸어보는 등을 생각한 다음 시도해보기도 한다. 아기는 스스로 물리학을 공부하고 법칙을 발견하는 것처럼 보인다. 즉 스스로 성장하는 것이다. 이처럼 유아가 지적호기심을 지니고 외부 세계와 교류를 추구하는 적극적 존재라는 것을 안다면, 스스로 성장하는 힘이 있는 아이를 기른다는 것은 바보 같은 소리라는 것을 깨닫게 될지도 모른다.

'기능의 즐거움'을 빼앗긴 아이들

아이는 스스로 배우고 스스로 성장하는 힘을 지녔다. 그리고 그 힘을 발휘할 수 있을 때 최고의 만족감을 느끼고 자기유능감을 지니게 되며, 더 나아가 새로운 것들을 시도한다. 아이는 능동적인 학습자다. 다른 것에 눈길을 주지 않고 어떤 것도 들리지 않는 듯, 문자 그대로 자신을 잊고 무언가에 열중하고 있는 자녀의 모습을 본 적이 있을 것이다. 그렇지만 많은 경우 어른은 그와 같이 열중하고 있는 자녀를 가만히 두지 않는다. '빨리, 빨리'라는 상투적인 말로 다그치며 어른이 예정한 곳으로 아이를 잡아끈다.

아이가 자발적으로 열중하는 것 자체가 바로 아이가 자라는 것이다. 그것은 어른의 계획과 교육 이상의 것으로, 아이 스스로 할 수 있게 된 힘을 사용하여 발견하는 것이고 그것을 통해 아이는 새로운 지식을 얻는다. 자신이 성취한 것에서 '할 수 있어!', '해냈어!'라는 만족감을 얻는 것은 다른 사람에게서 배울 수 없는 것으로, 지식을 배우는 것보다 훨씬 귀중한 경험이다.

60여 년 전, 아동심리학자 샬롯 뷸러^{Charlotte Bühler}는 아이가 스스로 할 수 있는 힘을 통해 기쁨을 느끼고, 그 힘을 통해 다양한 것을 발견하고 성장하는 것의 중요성을 지적했다. 샬롯 뷸러는 이것을 '기능의 기쁨'이라고 말했는데, 자신의 힘(기능)을 사용하는 자체가 아이에게 기쁨이고, 그것으로 배우고 성장하는 인간 발달의 본질을 절묘하게 나타내는 표현이라고 생각한다.

그러나 오늘날에는 이 '기능의 기쁨'이 무시되고 있는 것은 아닌지 우려스럽다. 요즘 부모들은 '잘 기르는 것'에만 몰입한 나머지 자녀가 다른 것에 관심을 갖고 열중하는 것을 받아들이지 못하는 경향이 있다. 아이들의 기능의 기쁨을 시간 낭비로 생각하고 자신들이 생각하는 '잘 되라' 계획노선만을 따르도록 주입한다.

유네스코의 취학 전 교육 프로젝트(2007년)는 다음과 같이 보고한다. 4세 때 자신의 흥미와 관심에 따라 자발적인 활동을 하는 양육(자유놀이 중심)을 받은 아이는, 7세 때 독서와 계산 능력을 높이는 것을 목표로 한 양육을 받은 아이보다 독서 능력이 뛰어났다. 이것은 지식교육(知育)에 한정된 조기 교육이 반드시 효과적인 것만은 아니라는 것, 오히려 '기능의 기쁨'을 맛보는 자발적이고 탐색적인 활동이 중요하다는 것을 시사한다.

'기능의 기쁨'을 맛보는 기회의 감소는 스스로 배울 힘이 있다는 것을 깨닫게 되는 체험을 자녀에게서 빼앗는다. 동시에 자녀가 자기 효능감(self-efficacy)을 기르는 기회도 빼앗는다. 일본의 아이들이 어느 정도 능력이 있어도 자신감이 없는 것은, 성장과정에서 자력 달성의 기회가 적은 것도 한 요인이다. 부모의 과도한 교육열이 오히려 자녀가 스스로 성장하는 것을 소외시켜버리는 것이다. 그런 의미에서도 자녀의 '발달권'의 보장은 중요하고 시급하다.

타고난 개성과 기질

아기는 자신만의 개성을 가지고 태어난다는 것도 발견되었다. 자극에 대한 민감함과 반응의 정도 혹은 수면, 배설, 수유 등을 얼마나 자주 하는가, 울 때 잘 달래어지는 것 등에는 폭넓은 개인차가 있다. 그것을 기질이라고 말할 수 있다. 기질은 양육 방법과 환경의 영향을 받기 전 태어날 때 이미 있는 것으로, 외부에서 자극을 받아들이는 방법을 좌우한다. 따라서 부모의 양육 방법과 가정환경 등은 그대로 아기에게 작용되는 것이 아니라, 아기의 기질에 따라 변하기도 한다.

이와 같은 아기의 유능함과 개성과 기질의 발견으로 양육법에 대한 이제까지의 정설이 바뀌었다. 아기를 미숙하고 무능한 존재로 생각한다면 '부서지기 쉬운 물건'처럼 조심히 다루어야 하며, 애정과 풍부한 자극, 환경이 중요하다. 그리고 그것이 충분한지에 따라 아기의 모든 것이 결정된다.

그러나 아기가 주변의 영향을 받아들이는 것은 그렇게 단순하지만은 않다. 애정과 환경이 중요하다는 말이 틀린 것은 아니지만, 아이가 선천적으로 지닌 자극에 대한 감수성이나 개성을 고려하지 않은 채 일방적인 애정과 자극을 주는 것은 역효과를 낼 수도 있다.

미국의 발달임상가 다니엘 스탠의 보고《모자관계의 출발》1979년)에 따르면, 아기의 기질을 무시한 채 아기를 위해 노력했지만 오히려 나쁜 영향을 주고 아기와 관계가 악화된 사례도 있다. 이 사례에서는, 체력이 좋고 활발한 엄마가 아기에게도 풍부한 자극이 필요하다고 생각해 적극적으로 아기에게 자극을 주었다. 그러나 아기는 활발한 엄마와는 다르게 서서히 자극되는 것을 좋아하는 조용한 기질이었다. 말을 걸거나 신체를 움직이기도 하고 장난감을 보여주는 등, 엄마가 주는 자극에 아기는 입을 다물고 다른 쪽을 보았다. 그러자 엄마는 좀 더 자극을 주었고, 아기는 엄마를 피하다가 나중에는 아예 거부하였다.

엄마 입장에서는 자신처럼 아기도 활발했으면 좋겠다고 생각했을 것이다. 좋은 의도였던 것이다. 그러나 이 선의 혹은 선입관 때문에 아이의 기질을 잘 파악하지 않아 역효과가 나고, 그 결과 자녀와 관계가 악화되었다.

이 사례는 극단적인 경우이지만, 이러한 어긋남은 정도의 차이는 있어도 흔히 일어난다. 부모는 자녀를 어떻게 기를 것인지는 모두 자신들의 양육 방식에 달려 있다고 생각하기 쉽다. 책임감으로 가득 차 완벽한 양육을 해야겠다고 생각한 나머지 이렇게 하기 쉽다. 예를 들면, 책을 읽어주는 경우도 아이가 단순하지 않기에 무조건 많이 읽어주면 좋은 것이 아니다. 자녀의 눈을 보고 자녀의 표정과 말에 귀 기울이고 응하면서 아이가 읽고 듣게 하는 것이 중요하다. 그렇게 하려면 자녀의 반응을 보면서 응답할 수 있는 부모의 마음의 여유가 필요할 것이다.

아이에게 중요한 것은 응답적인 사람과 환경

이처럼 유아幼兒도 개성과 기질을 지니고 있다. 아기는 성장하면서 기질 이외에도 자신만의 고유한 특징과 특기 등의 개성이 나타난다. 시간이 걸리더라도 있는 힘을 다하여 맡은 일을 하는 아이도 있고,

자신감이 있어 외부의 자극에 잘 대처하는 아이도 있다. 열중하는 대상도 제각각 다르다. 자신의 개성을 살려주고 열중하는 기회가 부여될 때 아이는 가장 큰 만족을 얻는다. 그리고 그 기회를 살릴 수 있도록 옆에서 지지해준 사람에 대하여 자신을 이해해준다고 안심하고 신뢰하게 된다.

반대로 자녀의 능력과 특징을 무시하고 '잘 되라'만으로 모든 것을 처리하는 부모에 대하여 아이는 수용되고 있다는 느낌을 가질 수 없어 불신이나 반발감을 지닐 위험이 크다. 제2장에서 살펴본 것처럼 부모의 '과보호 육아'의 가속과 '착한 아이의 반란' 등의 문제는 자녀의 개성과 기질, 능력 등을 무시한 결과라고 말할 수 있다. 자녀가 풍부하게 지니고 있는 성장하는 힘을 무시하는 것은 발달의 주체인 자녀를 무시하는 것과 마찬가지이다. 어디까지나 발달의 주체는 자녀이기 때문이다.

자녀의 특징과 상태에 적절히 반응하는 것의 중요성은 애착 형성의 경우도 마찬가지이다. 아이를 정성껏 돌봐주고 오래 함께 있다고 해서 자녀가 엄마를 따르는 것은 아니다.

자녀가 특별한 사람으로 따르고 애착을 갖는 대상에 대해 조사한 연구가 있다. 이 연구에서 의외인 것은, 자녀가 애착을 갖는 대상이 자신을 돌봐주는 엄마가 아니라 옆집에 사는 아저씨, 할아버지인 경우가 많다는 점이다. 아이가 애착을 가진 사람들의 공통점은 아이가 지금 무엇에 관심 있는지, 무엇이 필요하고, 무엇을 원하는지 등 아이의 감정 상태를 잘 알고 그것에 적절히 반응하는 사람이었다.

또 풍부한 표정과 몸짓, 말을 걸거나 장난감으로 소리를 내는 등 시각이나 청각에 호소하는 방법으로 아이에게 접근하는 것도 공통

점이었다. 즉 아이에게 응답적이라는 것, 아이가 민감한 감각을 사용하여 상호 소통한다는 것. 이 두 가지는 아이가 누군가와 애정의 끈을 가지는 데 중요한 것이다.

양육의 첫걸음은 '자녀를 잘 지켜보는 것'

자녀가 많았던 시절에는 각각의 자녀의 성격과 행동의 차이를 알고 개성과 장점 등을 이해하기가 비교적 쉬웠다. 그러나 자녀 수가 적어져 자녀에 대한 부모의 관심이 커지자 오히려 자녀의 개성을 찾아보기 어려워졌다. 그뿐 아니라 획일적인 '잘 기르기' 풍조가 넓게 자리 잡으면서 상호 응답성을 결여한 부모자녀 관계가 두드러졌다.

부모가 자녀에게 응답적이려면 자녀의 기질을 알고 자녀가 무엇을 원하는지 무엇을 하고자 하는지 잘 알아야 한다. 그러려면 우선 자녀를 잘 살펴보는 것이 무엇보다 중요하다. 자녀를 기를 때 해야 할 가장 첫 번째 일은 매일 자녀의 행동을 유심히 살피는 것이며, 이것이 부모 교육력教育力의 핵심이다.

지켜본다는 말이 있다. 쓸데없는 일에 간섭하거나 말참견하지 않고 조금 거리를 두고 시간을 갖고 자녀를 바라보며 자녀가 하는 것을 존중하는 태도이다. 이것은 간단한 것처럼 보이지만 사실 의외로 어려운 일이다. 자녀와 적당한 거리를 확보해야만 하며 관찰하는 측이 감정적으로 안정되고 여유가 없으면 할 수 없는 일이기 때문이다. 뒤에서 자세하게 이야기하겠지만, 평온한 마음으로 자녀와 마주하고 지켜보려면 무엇보다도 부모 자신이 한 사람의 어른으로서 성장하는 것이 대전제이다.

플러스 피드백 · 마이너스 피드백

자녀가 한 일에 대하여 피드백 하는 것은 응답성의 하나이다. 이런 응답성에는 2종류가 있다. 첫 번째는 '이렇게 해내다니!', '잘했다', '굉장해!'라고 자녀가 해낸 것에 대해 플러스 피드백을 하는 것이다. 두 번째는 자녀가 해내지 못한 것과 부족한 점에 중점을 둔 '그것밖에 못해?' '좀 더!'라는 마이너스 피드백이다. 이 두 가지 응답성은 피드백을 받는 자녀에게 각기 다른 영향을 미친다.

플러스 피드백을 받은 자녀는 자신이 한 것과 할 수 있는 것에 대해 인정받았다고 느끼고 자신감과 자존감을 강화할 수 있다. 하지만 마이너스 피드백을 받은 후자는 '안 되네.' '나는 할 수 없어.'라는 무력감을 느끼기 쉽다.

마이너스 피드백을 하는 부모 입장에서는 자녀가 현재 상태에 만족하지 않고 더 분발하여 높은 목표를 달성할 것을 기대하고, 격려하려는 마음도 분명 있을 수 있다.

그러나 이러한 부모의 집착과 기대가 자녀에게 반드시 통하는 것은 아니다. 오히려 자신의 능력이 모자란다고 책망을 들었다고 느낄 수도 있다. '부모에게 나는 안 되는 애야'라고 생각하는 것이다. 자녀는 항상 자신이 어떤 존재인지를 나름대로 묻는 작업을 계속한다. 그때 주변 사람이 자신을 어떻게 평가하는지, 그 사람으로부터 어떠한 대접을 받고 있는지는 자신에 대한 이미지를 형성하는 데 중요한 재료가 된다. 부모가 자녀에게 주는 피드백은 자녀가 자신의 이미지를 형성할 때 커다란 영향을 준다.

일본의 학교에서는 교사가 학생에게 플러스 피드백보다 마이너스 피드백을 하는 경향이 많다(우스이 히로시[臼井博]《미국의 학교 문화,

일본의 학교 문화》, 카네코쇼보, 2001년). 교사뿐만 아니라 부모도 자녀의 능력에 만족하지 않는 경향이 강하다. 성적이 좋아도 자신이 없는 일본 아이들의 특징적인 현상은 이런 점에 발생 원인이 있는 것은 아닐까.

2. '육아 지원'에서 '아이의 성장 지원'으로

무엇을 위한, 누구를 위한 육아 지원인가

오늘날 일본 사회에서는 육아에 대한 폭넓은 사회적 지원이 이루어 지고 있다. 그렇다면 그 목적은 무엇인가. 우선 생각해야 할 것은 아이를 엄마에게만 맡겨 놓는 것이 아니라 다양한 사람이 참여하는 것의 중요성이다.

아이를 기른다는 것은 신체의 성장뿐만 아니라 지적·정서적·도덕적 측면과 대인적인 측면 등 다방면에 걸친 발달을 의미한다. 다양한 측면에서 성장이 이루어져야 하기 때문에 한 아이가 성장하기 위해서는 여러 사람이 양육에 관련된다. 육아에 대한 이런 관점으로 볼 때 현재 일본 대부분의 가정에서 나타나는 '엄마 손으로'는 한계가 있다. 엄마가 혼자서 아무리 아이를 열심히 길러도 한 사람의 힘으로는 한계가 있으며, 혼자서 자녀 양육을 책임져야 한다는 스트레스를 받은 나머지 '육아 불안'에 이르는 경우도 많다. 그렇게 되면 자녀의 말이나 행동에 편안하게 반응해줄 수 없어 아이와 편한 관계를 만들 수 없으며, 책임감에서 일방적인 '과보호 육아'가 조장되고, 자녀에게도 나쁜 영향을 미친다.

핵가족화와 저출산이 진행 중인 오늘날은 예전과 다르게 부모 외에 할아버지, 할머니나 다른 형제가 있는 가정이 드물다. 게다가 가족이 지역사회와 교류하는 기회도 적어서 자녀가 다양한 사람과 관계를 맺으며 자랄 기회가 줄어들었다. 이렇다면 아무리 가정의 책임과 부모의 가정교육을 강조해도, 결국엔 점점 더 가정을 고립시킬 수밖에 없다.

양육 지원의 목적은 거기에 있다. 즉 부모 이외의 사람이 아이 양육에 관여해 아이의 생활과 체험을 풍부하게 하는 사회적 구조를 만들자는 것으로, 오늘날 매우 중요한 부분이다.

그렇다면 누구를, 어떤 부분을 양육지원해야 하는가. 현재 양육 지원의 대부분은 지원 대상이 '양육 자체'와 '양육하는 사람'이다. 이것은 '양육 지원'이라는 말에 단적으로 나타나 있다. 그러나 과연 이 양육지원 대상은 올바른 것일까. 결론부터 말하자면 무엇보다 먼저 지원해야 할 대상은 자녀이고, '자녀의 양육'이 우선해야 한다는 점이다.

앞에서 말했듯이 오늘날에는 아이가 '기능의 기쁨'을 얻을 수 있는 체험을 하기 힘들며, 부모가 이 기회를 자녀에게서 빼앗는 현상마저 보이고 있다. 그러한 기회를 좀처럼 얻기 힘든 자녀들에게 그 경험을 주는 것이야말로 지금 사회가 해야 할 일이다.

'0123'이라는 육아 지원시설이 도쿄부 무사시노 시에 있다. '0123'은 0세부터~3세 아이를 위한 시설이라는 의미이다. 이곳의 스탭들은 아이들에게 구태여 무언가를 가르치지 않는다. 아이가 자발적으로 놀이와 활동을 시작하고 열중하는 것을 옆에서 그저 지켜본다. 스탭들은 모두 육아 분야의 베테랑이지만 보통 유치원에서 하는 것처럼 프로그램을 만들어 그것에 따라 그림과 공작, 음악 등을 가르치지 않는다. 아이들의 활동을 잘 보고 그것이 잘 진행되도록 옆에서 살짝 도와주는 '그림자' 역할을 할 뿐이다.

누구에게서 지시를 받거나 배우지 않고 자유를 많이 주면 아이들이 당황할 것이라 생각했지만, 오히려 스스로 놀이 도구를 선택하고 놀이 방법을 연구하며 놀이에 열중하며 시간을 보냈다. 부모도 스텝도 생각하지 않은 것을 아이들은 하고 있었다. 부모들은 이렇게 열중하는 아이의 모습은 본 적이 없다고 놀라기도 하고 평소에 아이에게 성급하게 대응했음을 깨닫기도 했다. 그리고 이구동성으로 '열중하며 놀아서인지 여기에 온 날은 잠을 잘 잔다.'고 말했다. 이러한 것은 평소 생활에서 아이들이 자신의 힘을 발휘하여 열중할 기회를 가지지 못한다는 것을 말해준다.

부모는 양육하는 것에 집중하여 결과적으로 아이가 스스로 자랄 기회를 소외시켜 버린다. 따라서 '아이의 성장'을 보장하는 것이 지원의 중요한 목표가 되어야 한다. 즉 '육아 지원'이 아니라 '아이의 성장 지원'이 중요한 것이다. 앞에서 말한 육아지원 시설에서 부모는 멀리 떨어진 곳에서 아이를 지켜본다. 평소보다 거리를 두고 아이를 보고, 또 다른 아이들과 함께 있는 아이를 보면 평소에는 알 수 없었던 아이의 특징과 특색, 힘을 발견할 수 있다. 아이의 또 다른 모습을 재발견하는 것은 아이에게 응답적인 부모가 되게 해주는 귀중한 체험이다.

뛰어난 아이의 학습 능력

새로운 능력을 갖추거나 전보다 더 잘하게 되는 변화는 학습심리학이 다루는 주제이다. 이 밖에도 당근과 채찍 교육, 즉 훈련을 시켜 성공하면 보상을 하고 실패하면 벌을 주는 학습 메커니즘에 대해서도 오랫동안 연구를 했다.

동물에게 새로운 재주(기능)를 가르치기 위해서는 당근과 채찍 훈련밖에는 없다. 하지만 인간은 그렇지 않다. 스스로 새로운 행동을 학습할 수 있기 때문이다. 인간은 다른 사람이 무엇을 하고 그 결과 어떠한 일이 일어났는지를 관찰하여 그 행동을 자신의 것으로 만들 수 있는 능력이 있다. 즉 '관찰학습'을 할 수 있다. 그것은 인간이 하는 것을 그대로 따라하는 '원숭이 흉내'와는 다르게, 자신이 관찰했던 것을 적절한 상황에서 똑같이 하는 것을 말한다. '지연運延 모방'이라고 말할 수 있는데, 몇 번 볼 필요 없이 한 번에 내 것으로 만드는 효율적인 방법이다.

인간 이외에 관찰학습 능력이 있는 동물은 침팬지뿐이지만 인간의 능력에는 훨씬 미치지 못한다. 그러나 인간은 어린 아이도 관찰학습 능력이 있다. 아이들의 소꿉장난을 보면 그것을 알 수 있다. 소꿉장난에서 아버지 역할을 맡은 아이는 식탁에서 신문을 보면서 식사를 하고, 엄마 역할을 맡은 여자 아이는 거울 앞에서 화장을 하는 등의 행동을 한다. 이것은 관찰하여 학습하는 지연 모방의 예로, 인간에게서 많이 찾아볼 수 있다.

생후 2~3주 된 아기도 다른 사람의 행동을 모방한다. 아기 앞에서 누군가 혀나 입술을 내밀거나 눈썹을 움직이거나 손을 움직이면, 아기는 입을 우물우물하거나 얼굴과 손을 움직이는 등 어른의 행동을 따라한다. 모방할 뿐만 아니라 아기가 하는 것을 흉내내는 사람을 보고 미소 짓기도 한다. 아기는 '자신을 흉내내고 있다'는 것을 알고 있는 것이다.

아직 거울을 본 적도 없고 몸조차 자유로이 움직일 수 없는 아기가 어떻게 이러한 모방을 할 수 있는 것일까. 또 다른 사람이 자신을 모방하고 있다는 것을 어떻게 아는지 아무리 생각해도 신기하다. 이 메커니즘에 대한 연구는 아직도 진행 중이지만, 아기가 인적 자극에 대하여 관심이 크다는 것과 사람과 관계하는 것에 대한 적극성 등이 중요한 기반이라는 것은 확실하다.

아기는 예민한 시각과 청각으로 자기를 둘러싼 세계를 탐색하는데, 특히 인적 자극을 아주 좋아해서 인적 자극에 대해서는 다른 어떤 자극보다 오래 지각한다. 사람의 얼굴과 목소리를 정확히 보고, 듣고, 분간하는 것이다. 그것만이 아니다. 옆에 있는 사람의 동향에도 매우 민감하고, 그 사람이 하는 행동에 동조적인 반응을 보내기도 한다. 또 주변 사람이 보고 있는 것에 자신의 시선을 주고, 그 사람이 가리키면 그곳을 보기도 한다('공동주시共同注視'라고 한다). 타자에 대한 관심이 크고, 타자와의 관계를 위해 같은 행동을 하려는 경향이 강하고, 누군가와 함께 있는 것을 좋아한다. 이와 같은 타자에 대한 관심, 타자와 같이 있고 싶어 하는 것은 모방과 관찰학습 등 사회적 학습의 기반이다. 아이는 '고독한 학습자'가 아니라, 사람과 함께 사람으로부터 배우는 '사회적 학습자'이다.

아이는 유능한 관찰학습자

관찰학습은 아주 수준이 높은 행동이다. 관찰학습을 하기 위해서는 타자의 행동을 정확히 관찰하는 능력, 그것이 자신에게 유용한지 판단하는 능력, 타자에게서 얻은 정보를 받아들여 기억하는 능력, 적절한 상황에서 그 행동을 하는 능력 등 일련의 인지력·대인 기능이 필요하다. 이것이 가능한 것은 인간 대뇌의 지능이 높기 때문이다. 아이는 주위 사람들을 관찰하여 그것이 좋다고 판단하면 당장 자신의 것으로 만든다. 아이는 유능한 학습자여서 당근과 채찍으로 가르치는 것보다 훨씬 효율적이다. 몇 번 반복할 필요도 없고 '이것이 좋다'고 생각하면 당장 그것을 자신의 것으로 만들어 그대로 행동할 수 있기 때문이다. 자기 학습이라고도 말할 수 있다.

자녀교육에 열심인 부모들은 칭찬하거나 꾸짖거나 엄하게 타이르면서 자녀를 열심히 교육하고 있다고 생각한다. 그렇지만 부모가 자녀에게 말하는 것과 정반대의 행동을 하는 것을 자녀가 본다면 교육의 효과는 사라져버린다. '엄하게 말했지만' 안 된다면서 부모는 자녀교육의 어려움을 토로하고 어떻게 하면 좋을지 자문한다. 자녀가 문제를 일으키면 자신이 교육을 제대로 못해서 그런 것은 아닌지 생각한다. 이런 자문자답은 쓸모없는 것은 아니지만, 부모의 교육만으로 모두 해결되는 것은 아니라는 것을 알아야 한다.

부모가 우선 알아야 할 것은 자녀는 유능한 관찰학습자라는 사실이다. 부모의 계획대로 자녀를 움직이려고 해도, 유능한 관찰학습자인 자녀는 주위를 관찰하여 '이것이 좋다', '이렇게 하면 좋다'고 생각하면 곧 그것을 자신의 것으로 만들어버린다. 예를 들면, 학원이나 학교에서 돌아오면 가방을 제자리에 갖다 놓고 손을 씻어야 한다고 자녀에게 이야기한 부모가 자신은 집에 와서 가방을 아무 곳에나 두고 손도 제대로 씻지 않고 먹으면, 자녀는 그 모습을 보고 '아, 저렇게 사는 거구나', '저게 편하네'라고 생각해 곧 그 방식을 자신의 것으로 받아들인다. 관찰학습은 모델링(누군가를 모델로 하여 그 행동을 자신의 것으로 만드는 것)이라고도 말할 수 있다. 관찰학습의 대표적인 연구자 앨버트 반두라$^{Albert\ Bandura}$(사회학습이론으로 유명한 캐나다 심리학자_옮긴이)는 '자녀는 부모가 말한 것이 아니라 부모가 행동으로 보여준 것을 한다'고 말한다.

타산지석, 즉 '다른 사람의 모습을 보고 내 행동을 고친다'는 말은 널리 알려진 격언이지만 자녀를 양육할 때 반드시 명심해야 할 말이다. 유능한 관찰학습자인 자녀에게 부모가 무언가를 '해주기'보다 부모 자신이 어떻게 행동하는가, 어떤 모델이 될 것인가가 더 중요하다는 이야기이다.

관찰학습의 모델인 부모의 역할

이와 같은 사실을 알면 우리들의 교육이 〈가르치다=배우다〉를 중심으로 이루어져, 아이들이 관찰학습을 할 기회가 적다는 것을 새삼 깨닫는다. 제2장 3절에서 살펴보았듯이 일본 아이들과 젊은이들의 자신감 결여도 이와 관계가 있을 것이다. 자녀가 잘 되게 하기 위해 부모 페이스에 맞춘 '과보호 육아' 등은 오히려 발달의 주체인 아이가 지닌, 스스로 학습할 수 있는 능력을 없애버리는 것은 아닐까. 아이가 스스로 성장할 기회의 보장, 자녀의 발달권의 보장은 이런 점에서도 매우 중요하다.

교육에 열심인 부모들은 자녀를 잘 기르기 위해 자녀를 학원이나 가정교사에게 맡긴다. 그런데 자녀에게 요구하는 것처럼 부모들은 '공부를 열심히 하고' 있는가. 매일 '공부, 공부!'라는 말을 들었던 자녀가 '엄마는 공부하지 않으면서!'라고 항의하는 것은 신랄하지만 자녀가 할 수 있는 이야기이다. 오로지 자식을 키우는 데만 집중하면서 자기 자신의 내면의 성장에는 소홀한 부모를 보면서 자녀는 부모가 자신에게 요구하는 것에 반^{反}하는 모델임을 꿰뚫어본다.

가정의 교육력이 약해졌고 가정교육이 쇠퇴했다고 말하지만 오히려 교육에 대한 부모의 의욕은 과열되고 저출산 현상도 있어 부모의 잔소리가 많아졌다. 가정교육에서 문제가 되는 것은 자녀의 관찰학습의 모델로서의 부모의 모습이다. 많은 부모가 자녀의 관찰학습의 모델이 되기에는 부적합하기 때문이다.

나중에 서술하겠지만 이러한 문제는 부모 자신이 매일 성장·발달하고 건강하게 생활하는지와 관계되어 있다. 부모 자신이 매일 성장하지 않으면 자녀의 모델이 되기 어렵고, 편안한 마음으로 응답적으로 자녀를 대하는 것이 어렵다. 그렇다면 오늘날 가정은 유능한 학습자인 자녀에게 그 기회를 충분히 주고 있는가. 부모와 가정의 교육력은 가정교육을 엄하게 하는 것보다 오히려 성장의 주체인 자녀에게 그러한 모델과 체험의 장을 주는 것임을 재확인할 필요가 있다.

3. '육아 사회화'의 의의

집단 가운데서 자라는 아이의 능력

이제까지 어린 자녀는 집에서 기르는 경우가 많았기 때문에 어린 자녀가 집단에서 타자로부터 무언가를 배운다는 것은 그다지 주목 받지 않았다. 유아가 있는 집단이 드물어서 그것을 연구할 기회도 적었다. 오히려 유아기는 엄마와 아기의 일대일 관계가 좋고, 어리고 약한 유아에게는 그것이 최상이라고 생각했다. 그래서 유아를 어린이집에 보내는 것에 대하여 비난을 했다.

한때 어린이집과 영유아 시설은 부모가 없거나 부모에게 버림받는 등 특수한 사정이 있는 '불쌍한' 아이를 위한 시설이라고 간주하는 경향이 있었다. 이러한 견해는 심리학 연구가 가정 내 모자관계에만 주목했던 풍토에서도 조장되었지만, 어린 아이가 지닌 능력을 몰라서 비롯된 것이기도 하다.

지금처럼 육아 지원이 많아지기 전에도 출산 후 사회에서 활동하고 싶거나 일을 해야만 하는 여자들이 공동으로 어린이집을 만들어 아이들을 양육하기도 했다. 그후 사립·공립어린이집이 증가하여 유아기부터 집단 보육으로 자란 아이가 증가하였고 어린이집에서 자란 아이들의 생활과 발달에 관한 연구가 이루어졌다. 이 연구를 통해 아이는 아주 어릴 때부터 또래와 집단생활을 좋아하고, 다른 아이들에게서 많은 것을 배운다는 사실이 밝혀졌다. 어린이집에서 또래집단과 같이 생활하는 아이들은 매일 즐겁게 지내 '불쌍하다'는 어른들의 말이 무색할 따름이다. 아이는 그저 약한 존재가 아니라 씩씩하고 유능한 존재라는 사실을 알게 된 것이다.

여러 애착관계를 만드는 아이들

유아시설은 여러 가지 사정이 있어 집에서 기를 수 없는 아이들을 돌봐주는 곳이다. 그러나 오늘날에도 사람들은 이런 시설은 아이를 정성껏 돌보지 않거나 사랑으로 아이들을 대하지 않아 아이의 성장발달에 좋지 않다는 편견을 가지고 있다. 그러나 유아들이 함께 생활하는 어린이집은 밝고 즐거운 목소리가 가득 찬 활기 넘치는 곳이다. 담당 보육자들은 영유아를 신체·정신적으로 세심하게 돌보고, 아이들은 보육자와 강한 애착을 형성한다. 어린이집에 부모가 없어서가 아니다. 저녁에 자신을 데리러온 부모에게 뛰어가는 아이들의 모습은 보육자와 부모 모두 아이의 애착 대상이라는 것을 말해준다.

　보육자뿐만이 아니다. 아이는 또래 친구들과도 강한 애착의 끈을 형성한다. 같은 연령은 물론 자신보다 조금 나이 많은 아이들과의 놀이도 좋아한다. 어린이집에 갔을 때 친구들이 보이지 않으면 어디에 있는지 찾아나서기도 한다. 그러다 친구들을 찾으면 반가워하며 함께 놀이에 열중한다. 부모에게 사정이 생겨 어린이집에 못 가면 아이는 불만스러운 모습을 보이기도 한다. 이것을 통해 아이에게 어린이집 친구들의 교류가 중요하다는 것을 알게 된다. 애착의 대상은 아이가 외부세계를 탐색하고 모험을 하고 무언가를 배울 때 안전한 기지가 된다. 불안을 느끼면 아이는 애착 대상에게로 돌아가거나 그 사람이 있는 곳을 확인하고 안심한다.

오랫동안 사람들은 애착은 아기와 엄마의 일대일 관계에서 생긴다고 여겼다. 지금도 뿌리 깊은 '3세아^{三歲兒} 신화'(3세까지는 엄마가 직접 키워야 한다는 사고_옮긴이) 등은 그 전형이다. 그러한 생각이 지배적이었던 것은 집에서 엄마 혼자 아이를 기르는 경우가 압도적으로 많아서 그러한 사례만 보였기 때문이다. 이것이 모자관계를 지나치게 중시하는 편견을 조장하여, 모자밀착이라는 폐해를 만들어냈다.

영유아의 집단 보육이 증가하자 아이의 애착 대상에 대한 연구에 엄마 이외의 사람도 포함되었다. 그러한 연구 결과 지금 살펴보았듯이, 아이는 엄마가 보이지 않으면 보육자, 친구들과도 강한 애착의 끈을 만들어 그것을 기반으로 탐험하고 학습한다는 사실이 밝혀졌다. 자신의 주변에서 여러 사람이 지켜보고 있으면 아기는 편안하게 놀이를 한다. 아이에게 무슨 일이 생기면 도와줄 수 있도록 여러 사람이 곁에서 지켜보는 것을 호송선단^{護送船団}에 비유하여 '콘보이^{convoy}'라고 부른다. 앞에서 이야기했듯이 유아가 모든 것에 관심이 크다는 점을 생각한다면 당연한 일이다.

뿐만 아니라 여러 사람과 애착관계를 가지는 것이 장기적으로 아이의 발달에 플러스가 된다는 것도 검증되었다. 믿을 수 있는 사람이 한 사람만 있는 상황보다 많은 사람과 애착 관계를 갖는 것은 안전 기지가 그만큼 많다는 것이기 때문이다. 아기가 엄마에게 갖는 애착은 절대적인 것도 완전한 것도 아니다.

자녀를 돌보는 것은 '부모가 최고'인가

아이들은 유능한 학습자이고 다양한 인적·물적 자극이 필요하기 때문에 집단 양육이 중요하다는 것에 대해 이제까지 이야기했다. 그러나 현재도 엄마 혼자 영유아를 기르는 경우가 적지 않은 것이 현실이다.

첫 번째 이유는, 어린이집을 비롯한 유아 보육시설이 영유아를 충분히 수용할 수 있는 상황이 아니기 때문이다. 시설 수가 충분하지 않아 풀타임 일을 하지 않으면 아이가 입소할 수 없는 등 어린이집의 입소 조건이 까다롭고 어려운 것이다.

그러나 이러한 행정적 문제뿐만 아니라 '어린 아이는 집에서 엄마가 기르는 것이 최고'라는 사고가 부모를 비롯해 사회적으로 강하게 잠재되어 있다는 점도 무시할 수 없다. 예전에는 보육에 관한 일본 정부의 행정에서도 모성신화에 대한 강조를 엿볼 수 있었다. 이제 모성 신화를 절대시하는 논리는 행정의 지침 등에서는 사라졌지만 사람들의 의식 속에 뿌리 깊이 존재하는 모성신화는 쉽게 소멸하지 않는다. 오늘날에도 출산 후 퇴직하는 여성은 자신이 아이를 기르는 것이 최고라고 확신하는 경우가 많다. 또 여성이 일을 계속하고 싶어도 모성 신화에 대한 의식이 여전한 남편이 이해하지 못해 퇴직하는 경우도 앞에서 살펴보았다.

이와 같은 사람들의 의식도 영유아의 집단보육에 소극적이게 하는 요인이다. 어린이집에 다니는 아이를 '불쌍하다'고 부정적으로 보는 시선에는, 자신의 아이를 '타인에게 맡길 수 없을' 뿐만 아니라 다른 사람을 신뢰할 수 없는 마음이 담겨 있다고 하겠다.

아이를 어린이집에 맡기는 부모와 유치원에 보내는 부모를 대상으로, 어릴 때부터 어린이집에 맡기는 것, 즉 '(엄마와) 아이의 분리'에 대한 감정에 대하여 조사한 연구(카시와기 게이코柏木惠子, 蓮香園, 〈모자분리(어린이집에 아이를 맡기는 것)에 대한 엄마의 감정·인지〉《가족심리학연구》 4권 1호, 2000년 5월)가 있다. 이 연구에 따르면 아이를 유치원에 보내는 부모 쪽이 오히려 아이를 어린이집에 맡기는 것에 대해 더 강한 죄책감을 느끼고, 선생이 아이를 어떻게 대하는지, 아이가 친구들과 잘 지내는지 불안해하고 걱정하는 경향이 더 심했다. 실제로 어린이집에 아이를 맡기는 부모와 그렇지 않은 부모와의 생각의 차이를 엿볼 수 있는 부분이다.

또래 친구를 향해 열려 있는 존재

아이가 유능한 학습자라는 사실과 어릴 때부터 하는 집단 양육의 의의 등을 살펴보았다. 이러한 사실에 더해 아이들은 아주 어릴 때부터 또래의 다른 아이들을 향해 열려 있는 존재라는 것도 잊지 말고 기억해야 한다.

출생 직후부터 아이가 지닌 타인에 대한 관심, 타인과의 관계에 대한 적극적인 태도는 성장하면서 점점 더 강해져간다. 스스로 움직이는 것이 불가능한 시기에는 시선을 주거나 소리를 내서 상대의 주의를 환기시키는 등 타자와 관계를 맺지만 손을 내밀고 흔들고 물건을 움직일 수 있게 되면, 흥미있는 사람 쪽으로 몸을 돌리고 손을 내밀고 물건을 던져 상대와 활발히 교류하려고 한다. 어른보다 또래 아이의 모습을 흥미진진하게 지켜보면서 같은 동작을 따라한다. '공진共振'이라고 부르는 현상으로, 한 아이가 어떤 동작을 하면 다른 아이도 덩달아 같은 동작을 한다. 혼자서는 하지 않았던 것, 혼자서는 할 수 없었던 것을 다른 아이와 함께 있을 때 배우는 것이다.

다른 사람이 본 방향을 자신도 보고 함께 같은 것을 바라보는 '공동 주시注視'도 꽤 일찍 이루어진다. 또 자신도 어느 방향을 가리켜서 다른 사람이 보도록 재촉하기도 한다. 신기한 것은 타인과 함께 즐기고 타인과 관심을 공유하는 것을 아주 좋아한다는 것이다. 그뿐 아니라 낯선 장소나 낯선 사람을 만나면, 자신이 아는 사람의 표정과 행동을 보고 안심하고 같은 자세를 취하는 등 '사회적 참조'도 할 수 있다. 다른 사람에게서 정보를 받아들여 자신을 위해 활용하는 것이다.

이것은 모두 타인과 함께 배우고 타인에게서 배우는 행위로 인간에게만 있는 지성이며 사회성이다. 갓난아기 때부터 지닌 이러한 뛰어난 능력은 아이가 자라는 원동력이다. 집에서는 이와 같은 힘을 발휘할 기회를 갖기 힘들며 또 집단에서 타인과 함께 배우고 성장할 기회도 갖기 힘들다.

앞에서 말하였듯이 저출산으로 한 집에 자녀가 2명이거나 외동이가 많고 각자 개인 방을 쓰는 경우가 많아서 형제와 교류가 이루어지기 힘든 것이 현실이다.

이것은 부모나 친구와는 확연히 다른 형제라는 관계 속에서 사람을 사귀는 방법을 배울 기회가 없어지게 된 것을 의미한다. 부모와 자식은 '보호하고·보호받는' 상하관계로 어리광부리고 쉽게 용서받을 수 있다. 그러나 아이는 이런 관계와는 다른 다양한 인간관계 속에서 살아가는데, 그곳에서는 어리광과 용서가 통용되지 않는다.

따라서 자신의 의사를 명확히 표현하고 다른 사람의 의견을 듣고 그리고 자신의 의견을 주장할 것인지를 상황에 맞추어 조정하는 대인 룰을 습득해야 한다. 이러한 대인관계의 룰은 싸우고 화해하고, 협력하고 경쟁하는 형제 관계에서 길러질 수 있다. 그러나 형제 수가 감소하고 각자 개인 방을 쓰면서 공부를 우선으로 두는 생활로 인해 이러한 대인관계 룰을 습득할 기회는 급속히 줄어들었다.

그뿐 아니라 여러 연령층이 모인 또래집단에서 아이들이 어울리며 같이 노는 모습도 사라졌다. 오랜 기간 청소년 심리학의 중요한 테마였던 '또래집단'이 사라져버린 것이다. 운동부처럼 여러 연령층이 모인 또래집단에서는 상하관계와 룰이 중시되어, 아이들은 또래집단에서 부모관계와는 다른 인간관계의 룰을 익힐 수 있었다. 그러나 또래집단이 사라짐으로 인해 아이들은 대인관계 능력을 기를 기회가 없다. 그 결과 자신의 마음을 잘 표현하지 못하고 자신의 감정을 억누르는 능력이 결핍되어 이성을 잃어버리는 행동을 보이는 등 대인관계에서의 미숙함을 드러내기도 한다. 현재 심각한 왕따 등도 대인관계 능력의 미숙함과 무관계한 것이 아니다.

사회적 · 대인관계 능력은 체험으로 학습되는 것

지금 너나 할 것 없이 행하는 조기교육의 초점을 이제는 지식교육보다 사회적·대인적인 면에 둘 필요가 있다. 대인관계 능력은 누가 가르쳐주어서 몸에 익힐 수 있는 것이 아니라 스스로 시행착오를 겪으며 다른 사람의 행동을 보고 체득해나가는 것이기 때문이다.

예전에는 집에 친척이나 이웃사람 등 여러 사람이 방문하고 형제도 많았다. 또 마을 사람들끼리 교류도 있어 어린 아이들은 여러 사람과 사귀는 법을 배울 수 있었다. 부모 모르게 싸움을 하고, 모르는 어른에게 야단도 맞고 다른 아이들이 어떻게 하는지 보면서 대인관계 능력을 몸에 익혔다. 대인관계 능력을 기르기 위해서는 부모가 무력할수록 자녀에게 도움이 된다. 이러한 것을 볼 때 오늘날 부모들은 자녀에게 어린 시절부터 부모 이외의 다양한 연령의 사람과 교류할 수 있는 기회를 적극적으로 만들어주는 것이 필요하다.

최근 아이의 발달에 관한 이론으로 '집단 사회화이론集團 社會化理論'이 주목받고 있다. 이제까지는 가정과 부모가 아이의 발달에 영향을 준다는 점을 지나치게 중시했다. 그러나 아이는 부모와 집 이외에도 여러 집단을 통해 스스로 배우고, 외부 세계에서 큰 영향을 받는다는 것이 밝혀졌다. 아이는 어린 시절부터 다양한 사람에 대해 관심이 많고 타인과 교류하는 것을 즐긴다. 스스로 배우는 힘을 지닌 발달의 주체로, '자기 발달의 능동적 프로듀서'라고 말할 수 있다. 아이는 부모의 교육을 수동적으로 받기만 하는 것이 아니다. 엄마 혼자서 아이를 기르거나 집에서만 아이를 기르면 이렇게 풍부한 아이의 능력과 관심에 부응하지 못하게 돼 성장에 방해가 되며, 그런 의미에서 오히려 열악한 환경이라고 말할 수 있다. 모든 문제를 부모의 교육 탓이라고 하는 풍조는 잘못된 것이며, 아이 양육을 사회화하는 의의가 여기에 있다.

아이 양육에서는 '누가 해야만 하는가'가 가장 중요한 것은 아니며 '엄마의 손으로'가 절대적이고, 가장 좋은 것만은 아니라는 것이 밝혀진 것이다. 집이 최고이고, 엄마와의 일대일 관계가 무엇보다 필요하다는 생각은 편견에 지나지 않는다.

어린이집 입소 기준에 '보육이 필요한'이라는 것이 있다. 이 말은 부모가 없거나 사정이 있어 키울 수 없는 등 아이가 가정에서 양육될 수 없음을 나타낸다. 이 기준에 적합하면 어린이집에 우선 입소할 수 있다. 그러나 지금은 '보육이 필요한'이란 의미가 부모가 없거나 엄마가 아이를 양육할 수 없는 상황만을 가리키지는 않는다. 엄마 혼자 아이를 기르는 '엄마 손으로'가 아이에게 바람직스러운 보육의 질을 결여하고 있는 경우가 많다는 것은 앞에서 살펴보았다. 더구나 아빠마저 직장생활로 인해 육아에 참여하지 못하는 상황에서, 바깥 세계와 격리된 환경이야말로 '보육이 부족한' 것이라고 볼 수 있다.

중요한 것은 '누가'보다 '어떻게 아이와 관계할 것인가' 즉 양육과 보육의 질이다. 보육의 질로 중요한 것은, 아이를 잘 살펴보고 이해하면서 그것을 토대로 아이와 응답적인 관계를 맺는 것이다. 그런 경험을 통해 아이는 적극적이고 활기 있게 살아갈 힘을 갖게 된다. 이 보육의 질이 아이의 양육에 관계한 사람에게 요구되는 조건이다.

아이를 기르는 부모는 이 조건을 만족시키기 쉽지만 너무 가까이 있어 아이를 응답적으로 대하기 힘든 위험도 있다. 자녀에 대한 열정으로 인해 나타나는 '과보호 육아' 등 부모이기 때문에 빠지기 쉬운 함정도 많기 때문이다.

따라서 아이와 적당한 거리를 둔 상태서 잘 보고, 아이의 입장에서 응답적으로 관계를 맺어나가는 사람, 즉 '사회적 부모', '심리적 부모'라고 부를 수 있는 사람이 자녀에게 필요하다. 보육자를 비롯해 여러 어른이 어린시절부터 자녀의 양육에 관계하는 것이 중요하다는 것을 인식하고, 그러한 사람과 교류할 수 있는 기회를 사회적으로 만들어주는 것이 지금 필요하다. 양육의 사회화, 육아지원의 목적은 여기에 있다.

육아지원과 다양한 인적 교류

앞에서 이야기한 육아 지원시설 '0123'이 1992년 개원할 무렵 많은 사람들이 0세 아기는 오지 않을 것이라고 예상했다. 돌이 되기 전까지는 집에서 엄마가 돌보는 경우가 많아 당시 시설 정도로도 충분할 것이라고 생각했다.

하지만 개원하자 0세 아기가 많이 들어왔고 해가 지날수록 늘어났다. 큰애를 데려오는 김에 같이 데리고 온 0세 아기가 시설에서 혼자 잘 논다. 누워서 옆에 있는 아기를 보기도 하고 소리를 내기도 한다. 길 수 있는 아기는 다른 아이 쪽으로 기어가고, 소리를 내어 주의를 환기시키거나 블록을 집어 던지며 방긋 웃는 등 다른 아기들과 같이 이곳에서 있는 시간을 즐긴다. 이처럼 밝고 활기찬 아기의 모습을 본 엄마는 시설이 아기에게 도움이 된다는 것을 알고 계속 아기를 육아 지원시설에 맡기는 것이다.

엄마와 아기만 있는 닫힌 공간인 집에서는 엄마가 모든 곳을 관할할 수 있어 안전하다. 그러나 외부로부터 주어지는 자극이 필요하고 타인과 연결을 원하는 아기에게 이러한 환경은 만족스럽지 않다. 엄마의 보호가 지나쳐 오히려 폐쇄적으로 변질되기 쉬운 환경은 아기에게 결코 좋다고 말할 수 없다.

다양한 사람이 아이와 관계를 맺고 아이가 다양한 사람과 만나고 교류할 수 있게 해주는 육아지원이 중요하다. 요즘 육아지원 사업을 하고 있는 사람은 대부분 육아 경험이 있는 여성이다. 부모가 아닌 다른 사람을 만난다는 의미에서 이것은 나쁘지 않지만, 아빠의 육아 부재와 마찬가지로 육아지원 사업에서 남성 부재는 역시 문제이다. 육아 휴직을 한 뒤 적극적으로 육아에 관계하는 아빠가 힘든 것 가운데 하나는 육아지원 시설 등 육아와 관련된 공간에 여성만 있어 남자들이 육아에 융화되기 어려운 현실이다.

남성을 일을 하는 존재로만 규정한 사회는 아빠가 있어도 아빠 노릇을 하지 않는 가정을 양산한다. 남녀간의 이런 구분이 개선되지 않으면 아이들도 '돌봄은 여성이 할 일'이라는 편향된 젠더 의식을 가지게 된다. 아이들에게 풍부한 인적 환경을 제공하기 위한 첫걸음은 육아에 불참하는 남성을 육아지원 사업을 통해 육아의 현장으로 끌어들이는 것이다.

퇴직 후 남성은 여러 가지 사회활동을 모색해보지만 어린아이 양육이 퇴직 후 활동으로 주목받지는 못했다. 그러나 아이들과 접촉은 이제까지 직장에만 열중했던 생활에서는 얻을 수 없었던 체험으로 새로운 자기 발견의 계기가 될 수 있다. 어린아이의 생기 있는 모습에서 새로운 활력을 얻을 수 있고, 여성만 존재하는 양육 환경에서 여자에게서는 얻을 수 없는 다른 경험을 줄 수 있는 남성의 등장을 아이들은 환영할 것이다.

집단을 통해 체득하는 타자에 대한 배려

우연히 만난 감동적인 장면을 통해 아이가 집단을 통해 인간으로서 소중한 마음을 어떻게 배우는지 이야기하고 싶다.

벌써 십몇 년 전 한 어린이집 방 한쪽 구석에서 아이들을 관찰하던 때의 일이다. 내 바로 옆에서 4~5세 남자아이 서너 명이 막대

기를 돌리며 쳄발로 놀이를 하고 있었는데, 그곳으로 아기가 아장아장 걸어가고 있었다. 쳄발로 놀이가 한창이어서 그 아기가 어떻게 될지, 남자아이들은 어떻게 할지 마음이 조마조마했다. 그런데 남자아이들이 갑자기 놀이를 멈추더니 한 아이가 달려갔다. 무슨 일이 일어났는지 보았더니, 그 아이가 방구석으로 가서 수납장에서 기저귀를 꺼내더니 교사를 데리고 다시 돌아왔다.

어떻게 그런 생각이 들었을까. 나는 남자아이들이 한창 쳄발로 놀이 중이어서 그쪽으로 아장아장 걸어가는 아기가 위험하다는 걱정만 했다. 하지만 그 남자아이는 어떻게 아장아장 걸어오는 아기의 기저귀가 젖어 있는 것을 알았던 것일까. 표정이 달랐던지 아장아장 걷는 모습이 달랐던지, 어쨌든 말 못 하는 어린 아기의 모습에서 기저귀가 젖었다는 사실을 알아차린 것이다. 기저귀가 젖었으면 아기의 기분이 나쁠 것이고 기저귀를 갈기를 바랄 것이라고 생각했던 것이다. 그러나 자신은 기저귀를 갈아줄 수 없기 때문에 자신이 할 수 있는 최선, 즉 새 기저귀를 가져오고 기저귀를 갈아줄 선생님을 데리고 왔던 것이다.

그 남자아이도 어릴 때부터 어린이집에서 자라 선생님이 기저귀를 갈아주어 기분이 좋아졌던 기억이 있었을 것이다. 그래서 자신보다 어린 아기들을 매일 보면서 무엇을 좋아하고 무엇을 원하는지, 무엇을 해주면 만족하는지 등을 잘 알게 되었을 것으로 생각된다.

인간은 자신의 마음(기쁘고, 싫고, 기분 좋은 것)을 실제로 느끼고 안다. 동물도 자신의 감정을 안다. 그러나 다른 사람이 어떻게 느끼는지, 어떤 기분인지 등 다른 사람의 마음을 알 수 있는 것은 인간만의 능력이다. 이것을 '마음 이론'이라고 한다. 인간은 아주 어릴 때부터 다른 사람의 마음을 아는 능력이 있다. 다양한 연령의 아이들이 있는 어린이집에서 아이는 선생으로부터 돌봄을 받고, 친구들이 무언가 해주는 것을 받고 즐거운 경험도 하고 반대로 싸움 등 타인과 대립도 경험한다. 이러한 풍부한 대인경험을 통해 아이는 타인의 마음을 관찰할 수 있게 되며, 타인의 마음을 헤아려 그 사람을 위해 힘을 다해 도와주는 태도를 기를 수 있다.

바로 옆에 있으면서도 아기의 상태를 알지 못했던 나는 네댓 살밖에 안 된 이 남자아이의 행동에 감동을 받았다. 부모는 자녀에게 '상대의 기분을 생각해서'라든가 '다른 사람에게 친절하게' 하라고 말한다. 친구를 도와주고 어려움에 처한 사람을 도와주는 것은 중요하지만 그러한 마음이 있어도 갑작스런 상황에서 타인을 도울 수 있는 것은 쉬운 일이 아니다. 입으로는 요란스럽게 떠들지만 실천하는 사람은 별로 없다. 대인적對人的 환경과 대인적인 체험을 풍부하게 경험할 수 있는 집단보육의 장에서 가정에서는 배울 수 없는 것을 아이들이 체득하는 것을 느낄 수 있었다. 아이는 집단 속에서 배운다는 사실을 체험한 것이다.

육아 사회화의 의의

이제까지 살펴보았던 것처럼 육아지원 시설은 아이들이 집단 가운데에서 다른 사람들로부터 배우고 자라는 장으로서의 역할을 한다. 육아지원 시설이 이 역할을 자각적으로 담당하기 위해서는 이에 관한 연구가 필요하다. 부모를 비롯한 어른들의 간섭 없이 또래 아이들과 놀고, 장난감과 놀이 순서를 정하면서 서로 충돌하고 옥신각신하는 체험은 중요하다. 여기서 어른의 역할은 직접 개입을 가능한 자제하면서 아이들의 교류를 지켜보는 것이다. 부모는 자기 아이뿐만 아니라 다른 아이들을 보는 것도 중요하다. 다른 부모가 아이를 어떻게 대하는지, 어떻게 말을 거는지 등을 알면 평소 아이를 대하는 자신의 태도를 돌아보고 고치는 계기가 될 수 있기 때문이다.

'함께 기르고, 칭찬하고, 야단친다'는 말이 있다. 자기 아이뿐만 아니라 다른 아이들도 필요할 때 돌봐주고, 위험한 일을 하면 주의를 주고, 나쁜 짓을 하면 야단치고, 잘한 일은 칭찬해주며 같이 기른다는 것이다. 이렇게 같이 아이들을 기르면 아이들은 부모를 포함해 여러 어른이 지켜보고 있다는 것에서 안심하며 생활할 수 있고 어른들을 신뢰할 수 있다.

부모는 자녀에 대한 욕심이 있어 자녀가 잘 못하면 야단치고, 자녀가 지금보다 더 나아질 것을 요구한다. 그러나 마이너스 피드백을 많이 받은 아이는 자신감을 잃어버리고, 부정적인 자기 이미지를 지니게 된다는 것은 이미 살펴보았다. 부모는 자녀의 개성과 장점을 모르는 경우가 많아 칭찬에 인색한 면도 있지만 다른 사람의 눈에는 자녀의 장점이 잘 보일 수도 있다. 다른 사람이 자녀의 장점을 인정하고 칭찬해주면 자녀에게 격려가 되고, 자녀가 자신감을 지니는 데 도움이 된다. 이러한 점을 의식하지 않으면 자녀에게 이러한 체험을 하게 해줄 수 없다. 오늘날 우리 사회의 여러 상황을 고려해보면 가정과 부모에 자녀교육에 대한 책임을 엄하게 묻기보다는 육아지원 시설 등 사회적인 시스템을 더 적극적으로 만들어나가는 것이 필요하다.

제5장

자녀도 성장하고 부모도 성장한다
—'생애발달' 관점

1. 자녀의 성장과 부모의 성장

자녀를 정확히 보고 자녀의 감정과 특성을 존중하며, 자녀에게 응답적인 대응을 해주는 것은 부모가 자녀에게 해야 할 중요한 의무의 하나라고 4장에서 말했다. 이것은 특별한 지식이나 교육이 필요한 것이 아니어서 어려운 일이 아니라고 생각할 수 있다. 그러나 자녀에게 이러한 것을 해주지 못하는 부모가 의외로 많은 것이 현실이다.

자녀를 정확히 보고 응답적인 태도로 대하기 위해서는 부모 자신이 불안하지 않고 심리적으로 안정적이어야 가능하다. 부모 자신이 살아간다는 실감과 자신의 장래에 대하여 희망이 없다면, 자녀를 편안하게 대하고 있는 그대로 받아들이는 것이 힘들다. 육아 불안은 이것을 할 수 없는 경우에 생긴다.

부모 자신이 심리적으로 안정되어 있지 않으면 자녀의 불만에 귀를 기울일 여유가 없어져 무조건 자신의 생각을 밀어붙이거나, 불만의 배출구처럼 자녀 교육에 몰입하게 된다. 혹은 그 반대로 자포자기하여 자녀가 무엇을 해도 무관심해진다.

그러므로 자녀를 양육할 때 부모의 심리가 안정되어 행복하다고 느끼는 것이 무엇보다 중요하다. 이를 위해서는 부모 자신이 계속 성장하고 발달해가는 것이 필요하다. 마지막 장에서는 자녀를 기르는 쪽인 부모의 발달 현상을 분석하여, 자녀가 성장해나가기 위한 조건으로서 부모에게는 무엇이 요구되는지를 한번 생각해보고 싶다.

인간의 성장·발달은 평생 지속된다

오랫동안 사람들은 발달은 어른이 되기 전까지의 일이라고 생각했다. 그러나 어른이 되었다고 발달이 끝나는 것은 아니다. 연구에 따르면, 사람의 능력과 성격 등 마음의 움직임은 어른이 된 이후는 물론이고 죽음에 이르기 전까지 성장하고 발달한다.

예를 들면, 1980년대 초 무렵까지 인간의 지능은 19세 전후가 정점이라고 알고 있었다. 그러나 언어를 사용한 인간의 추론 능력은 어른이 되어서도 계속 발달한다는 것이 이후 밝혀졌다. 창조성과 유연한 사고력도 마찬가지로 어른이 된 이후는 물론이고 고령기에도 발달을 계속한다는 것이 알려졌다. 이런 사실로 인해 인간의 성장과 발달을 다루는 영역은 아동심리학과 청년심리학만으로는 불충분하여 생애발달심리학이 생겼다.

인간에게는 스스로의 능력을 키우고 싶고 더 많은 것을 알고 싶어 하는 등 성장에 대한 강한 동기가 있다. 이러한 성장에 대한 동기를 지닌 까닭에 직업과 가족 등 다양한 체험에 의해 새로운 기능과 지식, 감정, 대인적 행동, 가치관 등을 몸에 익힌다. 이 과정에 대해서는 학문적으로 계속 검토되고 있다.

이러한 것은 누구든지 보편적으로 체험하는 것으로 특별한 이견은 없을 것이다. 중요한 것은 성장·발달하고 있다는 느낌을 갖는 것이 그 사람의 정신적 건강의 기반이라는 점이다. 자신이 행복하고,

충실한 생활을 하고 있다고 느끼는 주관적인 행복감(즉 웰빙)이 중요하다는 것은 말할 것도 없다. 그리고 자신이 매일매일 성장하고 있다는 실감은 주관적 행복감과 정신적 건강의 기반이 된다. 예를 들면, 경제적으로 안정되고 가족 관계가 좋으면 행복감을 느낄 수 있다. 그렇지만 연구에 따르면, 그 이상으로 이전보다 지금 자신의 모습이 더 바람직하고 매일매일 새로운 성장을 하고 있다는 느낌을 지니는 것이, 정신적 건강과 행복감의 원천이다.

발달을 계속하는 부모 · 어른의 역할

부모의 자기 성장과 발달은 자신들의 행복과 심리적 안정의 기반이며, 자녀의 모델로도 중요하다. 앞에서 말하였듯이 유능한 관찰학습자인 자녀는, 부모가 잔소리하는 것 이상으로 부모가 어떻게 행동하는지, 어떻게 살아가는지를 자신의 모델로 삼아 배운다. 부모 자신이 성장·발달을 멈추고서, 자녀에게는 열심히 노력해야 한다고 말하면 자녀는 부모를 비판적으로 볼 뿐이다. 부모 자신이 노력하고 성장해가고, 최선을 다해 살아가는 모습을 보여주는 것이 자녀의 발달에서 부모가 해야 할 일이다. 자녀 양육이라고 하면 자녀 측만 주목하고 부모의 성장과 발달의 중요성은 간과하기 쉽다.

사춘기가 되면 자녀는 부모를 '남편과 아내'로 보게 되며, 부모를 직업인으로서 가족 구성원으로서 관찰한다. 부모가 부부로서 조화를 이루지 못하고 서로 비판하고 대립하는 관계를 보이면 자녀도 싫어한다. 자녀는 그 불쾌감을 직접 부모에게 말하지 못하고 명확히 자각을 못 할지도 모른다. 그렇지만 간접적인 형태로 부모에게 항의하고 비판할 것이다.

제2장 2절에서 보았듯이, 등교거부와 히키코모리의 원인이 부부 관계의 불화와 대립인 경우는 결코 열외가 아니다. 부모 쪽은 자신들의 삶의 방식과 부부관계에 대하여 어쩔 수 없다고 반은 체념하고 있을지도 모르지만, 자녀 쪽은 그것을 비판적으로 본다. 앞에서 살펴보았던 예에서도 부모가 자신들의 관계를 회복하려는 노력을 시작한 것이 자녀의 마음을 안정시키고 다시 등교하게끔 만드는 계기가 되었다. 이렇듯 부모의 발달은 자녀의 심리적 안정의 기반인 동시에 자녀 발달의 모델이다.

이 경우에는 부부관계를 회복하는 것이 자녀의 문제 해결에 연결되어 있지만, 관계의 회복만이 해결의 길은 아니다. 일본에서는 꽤 많은 부부가 표면적으로는 조화로운 것처럼 보여도 실은 타협과 포기의 관계인 경우가 많다. 때에 따라서는 관계 회복보다 관계를 끝내는 것이 문제 해결인 경우도 있다. 예를 들면, 부부관계를 끝내는 것이 표면적으로만 좋게 보이는 관계보다 자녀에게 더 좋은 경우도 있다. 왜냐하면 자녀에게 정말 중요한 것은 부모가 어른으로서 진실하고 성실하게 살아가는 것이기 때문이다.

어른이 자녀 양육에서 배우는 가치

자녀 양육은 미숙한 자녀의 생명을 지키고 성장·발달시키기 위해 필수적인 일이다. 자녀의 성장과 발달에 영향을 주는 육아 방법과 부모의 존재방식이 이제까지 연구의 중심 테마가 된 것도 이 때문이다. '부모의 교육이 자녀에게 주는 영향'이 부모자식 관계 연구의 테마였다.

그런데 최근 '자녀의 성장·발달을 위한 육아, 부모'라는 기존의 연구에 또 다른 시각이 대두되었다. 즉 양육은 자녀의 발달뿐만 아니

표 5-1 부모가 되는 것에 따른 성장발달

유연함	사고방식이 유연해졌다 타인에 대하여 관대해졌다 모든 일을 여러 가지 각도에서 생각하게 되었다
자기 제어	타인의 미혹에 넘어가지 않게 조심하게 되었다 자신의 바람을 자제하게 되었다 자신의 분수를 알게 되었다
시야의 넓어짐	환경문제(대기오염·식품공해)에 관심이 커졌다 아동복지와 교육문제에 관심을 지니게 되었다 일본과 세계의 장래에 대한 관심이 커졌다
운명·신앙·전통의 수용	인간의 힘을 초월한 것이 있다는 것을 믿게 되었다 신앙과 종교를 가까이 하게 되었다 모든 일을 운명이라고 받아들이게 되었다
사는 보람	삶의 활기가 증가하였다 자신이 없으면 안 되는 존재라는 생각하게 되었다
자기의 강함	다른 사람과 다소 마찰이 생겨도 자신의 주장을 관철시키게 되었다 자신의 입장과 생각을 반드시 주장해야 한다고 생각하게 되었다

출처 : 카시와기 게이코柏木惠子, 와카마츠 모토코若松素子, 〈부모가 되는 것에 따른 인격발달〉, 《발달심리학연구》 5권 1호, 1994년 6월

라 양육을 하는 부모에게도 성장·발달에 도움 되는 의미 있는 일이라는 관점이다. 부모는 육아에 자기 자원을 투자함으로써 많은 희생을 하지만, 육아는 다른 활동에서는 얻을 수 없는 많은 것을 부모 혹은 부모 노릇을 하는 사람에게 가져다준다. 이러한 측면이 주목되고 '자녀를 위한 육아 연구'에서 '부모를 위한 육아, 부모에게 육아의 의미 연구'로 관점이 180도 전환되었다. 흔히 '육아는 스스로를 성장케 하는 일'이라고도 말하는데 학문에서도 이것이 받아들여진 것이다.

이제는 육아도 가사와 마찬가지로 기계화·사회화로 인해 인간의 노동력을 줄이게 되었다. 문명의 이기가 '침입'한 것이다. 그렇지만 편리한 반면 그만큼 기르는 사람과 자녀가 마음을 주고받는 관계의 중요성이 더욱 커졌다. 육아의 질이 중요하게 된 것으로, 가사와 결정적으로 다른 점이다. 육아는 가사와 다르고 완전히 사람과 사람

과의 관계 그 자체로, 육아 대상인 자녀뿐만 아니라 육아하는 사람에게도 다방면에 걸쳐 영향을 준다. '자녀를 지니기 전과 비교해 어떠한 점이 변했는가'를 조사한 결과를 보면, 육아 체험이 부모에게 어떠한 변화를 가져왔는지 그것이 인간적 성장과 어떻게 연결되어 있는지를 알 수 있다.(표 5-1)

연구 결과를 보면 엄마 쪽은 모든 면에서 뚜렷한 성장을 보이는 것으로 보고되는데, 아빠를 훨씬 능가한다. 대부분의 아빠가 육아에 참여하지 않는 오늘날 일본 사회에서 외형적으로 '부모가 된다'는 것에 그칠 뿐인 아빠와 다르게, 엄마는 '부모 노릇을 하는' 것이다. 그 체험이 엄마에게 이러한 인간적인 성장을 가져오는 것이다.

그런데 인간의 육아는 본능으로 쉽게 해낼 수 있는 것이 아니다. 자녀는 귀엽지만 부모의 페이스에 아랑곳없이 울거나 날뛰어서 어찌하기 힘든 존재이기도 하다. 겨우 잠을 재웠는가 싶으면 곧 눈을 뜨고 울어댄다. 기저귀도 갈아주어야 하고 우유를 주어도 계속 칭얼대고, 우유 먹을 시간이 되어도 일어나지 않는다… 이처럼 어린 자녀의 행동은 부모가 원하거나 계획한 대로 되지 않고 어떻게 하면 좋을지 곤혹스러운 것투성이다.

어른끼리 통용되는 상식과 타협은 전혀 통용되지 않는다. 육아라는 것은 이렇게 어린 자녀를 사회에서 살아갈 수 있는 '인간'으로 키워내는 일이다.

보통 일이나 공부에서 성공하기 위해서는 계획과 노력, 약속 등이 중요한 열쇠로, 어른은 그러한 논리에 따라 행동하는 것에 익숙하다. 그러나 자녀를 상대로 하는 육아에서는 이것이 전혀 통용되지 않아, 자녀의 요구를 들어주면서 육아하는 데에는 많은 노력이 필요하다.

그러나 육아는 부모에게 인간적인 성장을 가져다준다. 육아는 자신의 생각대로 되지 않고 자신의 이해를 초월한 존재와 마주하는 일로, 육아를 통해 넓고 다각적인 시야를 기를 수 있다. 또 부모의 노력과는 무연하게 자녀가 자라는 모습을 보면서 외경심을 품을 수도 있으며, 자녀로 인해 자신의 존재 의의를 자각하고 쉽게 타협하지 않는 강함도 지니게 된다. 그러한 힘은 계획이나 노력, 논리적인 사고가 통용되지 않는 육아를 체험하면서 얻어지는 인간적인 힘이다.

육아 휴직을 하여 육아를 하는 아빠는 아이를 키우는 엄마가 경험하는 것과 똑같은 변화를 경험한다. 일과는 다른 유니크한 육아 체험은 아빠에게 귀중한 성장과 발달을 가져다준다. 육아 휴가를 얻는 데 그치는 것이 아니라 육아를 적극적으로 담당하는 아빠와 부자 가정의 아빠의 경우도 마찬가지이다.

2002년 미국에서는 40명의 아빠를 대상으로 자녀 양육 경험이 어떠한 것이었는지를 조사한 책이 간행되었다(R. 팔코비츠[Palkovitz], Involved fathering and men's adult development, LEA, 2002). 이 책에 따르면 육아 경험을 한 아빠들에게 공통적인 것은, 자신의 성격과 사고방식 등이 (결혼과 배우자에 의해 바뀐 것보다) 자녀에 의해 크게 변화했다는 것이다. 그러한 변화는 자신이 자녀의 모델이라는 자각과 그를 위해 노력하는 것에 의한 것이라는 점도 인상적이다.

이처럼 육아가 자녀뿐만 아니라 부모의 성장과 발달에도 도움이 되는 것은 인간에게서만 볼 수 있는 일이다. 성장과 발달이 전 생애에 걸쳐 전개되는 것도 인간에게서만 찾아볼 수 있는 일로, 그 중요성을 재확인할 필요가 있다.

'자녀를 기르는 것'과 '스스로 성장하는 것'

육아에 의한 부모의 성장에는 자신을 억제하는 것과 쉽게 타협하지 않고 자신의 생각을 주장하는 것 등 일견 모순되는 2개의 면이 포함된다. 자녀를 발달의 주체로서 인정하고 수용하고자 한다면 부모는 자신을 억제해야 한다. 그렇지만 그것은 부모가 자녀가 하라는 대로 한다는 뜻은 아니다. 부모 자신이 단순히 부모로서의 역할에 그치지 않고 하나의 주체로서 살아가는 것이 중요하다는 의미이다. 양육을 통해 자신의 존재 가치를 확인하고 자신을 주장할 수 있는 강인함을 배우는 부모의 자각은, 한 사람의 어른으로서 배우고 성장하는 것의 필요성을 인식하는 일이기도 하다.

이미 살펴보았듯이 육아 불안이 심각하다는 것은, 엄마가 한 사람의 주체로서의 존재감을 상실하고 성장을 멈추었다는 이야기다. 이러한 경험은 스스로 성장하고 있다는 실감을 지니지 않으면 자녀를 기르는 사람의 심리적 안정이 불가능하다는 것을 엄마들에게 인식시켜주었다. 즉 자녀를 '성장하는' 주체로 수용하기 위해서는 부모 스스로 '성장하는' 주체로서 살아가는 것이 필요하다. 육아 불안에 빠진 엄마들이 '육아만 하고 있는 것에 대해 불안'을 느끼는 것은, 역으로 자기 자신도 생기 있게 성장하고 있다는 인식이 중요하다는 것을 보여준다. 육아에 의해 자신이 강하다는 것을 배우게 되었다는 술회는 자신이 성장하고 발달하는 것의 필요성을 알고 있음을 시사한다.

그러나 육아하는 부모가 100퍼센트 '한 개인'으로 행동하는 것에는 무리가 따른다. 육아에서는 어디까지나 자녀가 주체이고, 부모는 자녀를 수용하고 자녀에게 응답적인 것이 가장 중요하기 때문이다. 따라서 아이를 기르는 사람이 주체로서 개인으로서 살아가고 있다는 실감을 얻기 위해서는 양육 이외의 장이 필요하다.

　사회의 변화로 인해 개인은 가족과 기업 등 집단의 일원으로서 뿐만 아니라 개인으로서 살아갈 필요성도 생겼다. 특히 여성에게 이 변화는 큰 것이다. 부모에게 육아는 의미 있는 활동이지만, 부모 역할에 최선을 다하는 것만으로는 심리적인 충족을 얻는 것이 불가능하다. 이렇게 개인화가 진행되는 가운데, '기르는 것'과 '스스로 성장하는 것'이란 두 개의 과제를 동시에 추구하는 것이 필요하게 되었다. '부모가 되었기 때문에 참아야 한다'는 사고는 스트레스를 가져올 뿐이고 그것은 자녀에게도 영향을 준다. 부모도 자라고 자녀도 자란다. 이 쌍방의 균형이 요구되는 것이다. 이것은 앞에서 서술한 자원 투자의 갈등을 예방하는 일이기도 하다.

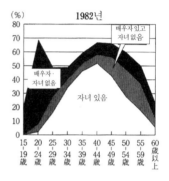

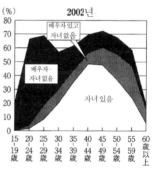

그림 5–1 가족관계별로 본 여성의 취업률

주 : 〈배우자 없음자녀 없음〉은 미혼자 외 이별사별도 포함. 〈자녀 있음〉은 배우자 없음과 배우자 있음을 포함
출처 : 총무성 '취업구조 기본조사'에 따름. 저출산과 남녀공동참여 관련 전문조사회위원부 이시 에미코[石통롯子](법정대학)에 따른 특별집계

미혼 · 자녀 없이 일을 계속하는 여성의 증가

제1장 1절에서 보았지만, 일본 여성의 노동력을 연령별 그룹으로 만들어보면 M자형이 되는 특징이

있다. 많은 여성이 30세 전후 출산과 육아를 위해 퇴직하여 30대 여성 노동력이 대폭으로 줄어들기 때문이다. 최근 이 M자형의 밑부분이 조금씩 올라가기 시작했다. 출산과 육아에 의한 퇴직이 줄어들고 자녀가 태어난 후에도 일을 계속하는 여성이 증가했기 때문일까. 그것은 아니다. 미혼이나 자녀를 낳지 않고 일을 하는 여성이 증가한 것이 M자형의 밑 부분을 밀어올리고 있다.(그림 5-1)

이 여성들은 결혼과 출산·육아보다 일을 계속하는 것을 선택했다. 주위 사람들을 보면서 가사·육아와 직업적 역할의 양립이 곤란한 것을 알았기 때문이다. 그리고 직업을 통하여 자신의 능력을 발휘할 수 있고, 경제적 정신적으로 자립하는 것을 경험했다. 이 경험을 놓치고 싶지 않고, 양립의 곤란함을 떠안으면서까지 결혼과 출산·육아라는 리스크를 짊어지고 싶지 않아 결혼과 양육을 회피하게 된 것이다. 직업을 계속 가지는 것이 남성에게는 당연한 일인데, 지금 일본의 여성에게는 쉬운 일이 아닌 현실을 나타내고 있다.

바꾸어 말하면, 여성은 자녀의 양육과 자신의 성장 가운데 어디에 투자할지에 대한 선택을 압박받고 있다. 그리고 자신의 성장을 선택하는 여성이 증가하고 있다. 이것은 일본에서 저출산 문제를 생각할 때 간과해서는 안 되는 중요한 사실이다.

일과 가정이라는 복수의 역할을 담당하는 것, 즉 양립하는 것은 일본 사회에서는 거의 여성만의 과제가 되어버렸다. 육아휴직 제도를 비롯하여 다양한 사회 제도를 만들어나가고 있지만, 여성에게 일과 양육의 양립이 곤란한 현실에 대한 주목할 만한 개선은 보이지 않는다.

복수의 역할을 주체적으로 담당하는 것의 중요성

이질적인 여러 개의 역할을 주체적으로 담당하는 것은 (하나의 역할만 하는 것 이상으로) 그 사람을 활성화시키고 정신적으로 건강하게 해준다. 산업심리학 연구에서도 그것은 명확한 사실로 인정된다. 반대로 말한다면 한 개의 역할만 집중적으로 하는 것은 정신적으로 불건강하고, 심리적인 균형을 붕괴시킨다.

직업을 가진 엄마가 심각한 육아 불안에 빠지는 일이 많지 않다는 것은 이미 1장 1절에서 살펴보았다. 그녀들은 직장 일도 해내고 집에 돌아와서는 가사·육아를 하고, 두 가지를 모두 하는 생활은 힘들고 정신없이 바쁠 것이다. 어린이집에 아이를 데리러 가기 위해 일찍 퇴근을 할 때는 주위의 눈치도 볼 것이다. 좀 더 시간이 있다면 직장 일을 더 잘할 수 있을 텐데 하는 아쉬운 생각도 들 것이다. 그렇지만 직장에서 퇴근하여 아이를 돌보고 집안 일을 하는 것은 직장일과는 전혀 이질적인 활동으로 일종의 기분전환도 된다. 그것에 의해 직장 일에 대한 의욕이 강해지고 일에 관련한 새로운 발상도 생길 수 있어, 전체적으로 정신적 건강을 유지하는 것으로 연결된다. 여러 개의 역할을 해내는 의미는 이와 같은 것이다.

그러나 여러 개의 역할을 하는 것이 플러스 효과를 가져오기 위해서는 2개의 조건이 필요하다. 첫 번째는, 여러 개의 역할에 주체적으로 관여해야 한다. 두 번째는, 그 양이 적절해야 한다. 요컨대 그러한 역할을 싫어하는 것이 아니라 스스로 적극적으로 해내고, 게다가 그러한 역할이 과중하지 않고 균형 있는 것이 필요하다.

이러한 관점에서 일본 사회의 현재 모습을 보면, 일과 가사·육아 모두를 해내고 있는 많은 여성이 양쪽 모두 과중한 역할에 쫓겨 간

신히 해내고 있는 것은 아닐까. 일이 바쁘지만 남편은 육아에 참여하지 않아 혼자서 가사·육아를 해내야 하고, 그러면 일이 너무 과중해서 의무감에서 어쩔 도리 없이 해내는 것이 되고 만다. 의무감에서 하는 육아가 자녀에게 좋을 리가 없다. '재주가 없어서 양쪽을 모두 할 수 없다' '(양쪽을 모두 해내기 위해서) 끔찍한 생활은 나에게는 무리'라고 생각한 여성은 출산을 계기로 직장을 떠난다.

성을 초월하여, 일하는 것은 인간의 권리이자 책임이다. 동시에 가족에서 역할을 담당하고 가정생활을 누리는 것도 권리이자 책임이다. 그러나 일본은 현재 이 2개의 권리와 책임이 남녀 어느 쪽에도 보장되지 않는 상황이다. 일과 가정의 양립 지원은 여성을 위해 강조되어야 하지만, 남녀 모두에게 필요한 것이다. 그러나 육아에 따른 남성의 변화를 안다면, 현재 상황에서는 남성이야말로 양립 지원을 해야만 하는 것은 아닐까. 많은 남성이 가족 역할의 권리도 책임도 방기해버린 것이, 일본의 현재 상황이다.

육아 체험이 남성을 변화시킨다

현재 많은 남성이 육아를 포기한 상황인데, 비록 소수이지만 육아에 적극적으로 관계하는 아빠들이 생기기 시작했다. 이혼과 부인의 병, 혹은 부인의 일이 바빠서 등 계기는 다양하다. 부득이 육아를 하게 된 사람도 있고 육아 휴직을 얻어 적극적으로 육아를 하는 아빠도 있다. 계기는 다르지만 이 아빠들에게 공통되는 것은 육아 경험에서 얻는 것이 아주 크다는 것을 인정하는 점이다.

처음에는 육아를 직접 하면서 스트레스를 받고 앞에서 살펴본 엄마들처럼 혼란과 갈등을 체험한다. 제1장 2에서 소개했던 육아하는 아빠의 이야기 그대로이다. 그러나 점차 다른 인간관계나 활동에서는 얻을 수 없는 깊은 충족감을 맛본다.

예를 들면, 매일 어린이집에 데려다주며 아이와 대화를 하다 보니 새로운 시점으로 사물을 보는 법을 배웠다고 말하는 아빠도 있다. 자녀를 수영·음악 교실에 데려주다가 자신도 같이 수영과 악기를 배우게 된 아빠도 있다. 육아 체험을 하지 않았다면 일과 인간관계만이 전부였던 아빠들이 육아 덕택에 자신이 변한 점을 감사하게 생각하며 쓴 책도 있다(토테우치 아키오^{土堤内 昭雄}, 《아빠가 육아를 할 때》, 츠츠이쇼보, 2004년).

육아 휴직을 얻은 아빠들이 후일담에서 이야기하는, 일에 대한 관점의 변화도 흥미롭다. 육아 휴직을 얻기 전에는 일이 무엇보다 중요하고 일 자체가 매우 재미있다고 생각했다고 한다. 그러나 육아 휴직을 얻어 자녀와의 생활과 육아를 체험하고 난 다음 직장에 돌아온 후에는 일에 대한 사고방식이 변했다고 말한다. 일만 중요한 것은 아니라는 것을 실감하고, 무엇보다 일이 우선시되어야 한다는 생각이 바뀌었다.

물론 일의 중요성을 알고 좋은 일을 하고 싶다는 바람도 있을 것이다. 그렇지만 직장 이외에 가정과 자녀를 위하여 자신이 하고 싶은 것이 있다는 것을 인식하고, 가사를 분담하고 자녀의 상대가 되어주는 것이 중요하다고 생각하게 된 것이다. 즉 일의 가치를 상대화할 수 있게 되었고 다른 가치에 눈을 뜨게 되었다. 이러한 현상은 중요한 변화로, 남성의 살아가는 방식과 관계된다. 육아체험이 그러한 변화와 발달을 가져온 것에 주목하고 싶다.

아이가 있는 남성의 대부분은 부양자로서 일 중심으로 살아가며 가정에 투입하는 에너지는 극히 적은 것이 현실로, 그러한 남성들은 어디에서 행복과 만족을 느끼는지에 대하여 검토한 연구가 있다(이토오 유우코^{伊藤裕子}, 사가라 준코^{相良順子}, 이케다 마사코^{池田政子} 〈기혼자의 심리적 건강에 미치는 결혼 생활과 직업 생활의 영향〉《심리학 연구》75권 5호, 2004년 12월). 이 연구에 따르면 중년기 남성의 행복과 만족감은 일에서 인정받고, 승진하고, 수입이 좋은 것 등 직업상의 요인이 큰 부분을 차지하며, 결혼 만족도 등 가정적인 요인은 중년기 남성의 행복과 만족감에 큰 영향을 미치지 않는다. 이러한 결과는 직업적 요인과 결혼 만족도가 행복과 강하게 연관되어 있는 풀 타임직 여성들과는 크게 다르다.

아빠에게 필요한 육아

인간의 발달은 무언가를 할 수 있게 되었거나 어떤 일을 전력으로 해내는 등 양의 변화만을 가리키는 것은 아니다. 이질적인 체험에 의해 발상의 관점이 변했거나, 이전과는 다른 방식으로 행동하는 등 질적인 변화도 중요하다.

하나의 일에 집중하면 발상의 방식도 고정되기 쉽다. 그런대로 효율이 올라가기도 하지만 같은 활동을 단순 반복하면 심리적 피로가 생기고 작업 효율도 저하된다. 그러나 이질적인 활동에 관여하면 피로와 권태가 해소되고 새로운 의욕과 발상을 얻는 것이 가능하다. 이것이 발달의 질적인 전개이다.

인간의 발달에서 여러 가지 역할을 하는 것의 장점도 여기에 있다. 직업과는 완전히 이질적인 육아라는 활동을 하는 아빠가 '육아는 스스로를 성장시키는 일'이라는 것을 실감하고 일의 가치를 상대화할 수 있었다고 말하는 것은, 이와 같은 발달의 질적인 전환 외에 다름 아니다. 남편·아빠의 육아 참가는 배우자, 즉 부인·엄마의 심리를 안정시키고 자녀의 발달에도 플러스 의미를 가져온다. 그러나 육아는 자녀뿐만 아니라 육아를 하는 사람에게도 중요한 발달의 장이다. 이렇게 중요한 의미를 지닌 육아에 남성이 참가하는 것이 어려운 상황은 매우 유감스러운 일이다.

육아라는 권리

이러한 남성의 육아 불참 혹은 엄마가 일과 육아에서 과중한 부담을 안게 되는 문제를 어떻게 해결하면 좋은가. 나는 '영유아를 가진 노동자는 (그 기간에 한해) 남녀 모두 야근을 금지한다'는 액션 플랜을 제안하고 싶다. 영유아가 있는 노동자는 정시에 퇴근하여 가정생활과 가사와 육아를 할 수 있는 충분한 시간을 주는 것이다. 어린 자녀가 있는 동안에는 누구나 이런 권리를 누릴 수 있다면 가족으로서 역할을 좀 더 충실히 할 수 있지 않을까.

이것은 부모와 자녀 모두에게 가치 있는 일이다. 그뿐만이 아니라 일 이외의 체험을 함으로써 일과 기업 모두를 살리는 길이 될 것이다. 발달의 원칙에서 보면, 하나의 일에만 집중하는 것은 심리적 건강을 해치고 일의 능률도 좋지 않다. 또 생활 체험을 결여한 기업의 경제활동은 사회와 그곳에서 살아가는 사람들에게 좋지 않은데, 이질적인 체험이 이와 같은 문제를 해결해줄 수 있을 것이다.

물론 '야근 금지'를 실현하기 위해서는 다양한 제도와 조건의 정비가 필요하다. 단순히 야근을 '금지'하는 것만으로는 오히려 일하는 사람들이 자녀를 갖는 것을 더 회피하게 만들지도 모른다. 따라서 '야근 금지'를 실현하기 위해서 부모인 노동자가 야근을 하지 않고도 살 수 있도록, 즉 가사와 육아를 할 수 있는 사회구조를 기업과 국가가 정비해야만 한다. 예를 들면, 기업이 노동시간의 제한을 의무적으로 시행하도록 하고 경제적인 지원을 노동자(와 기업)에게 하는 행정제도 등을 생각해볼 수 있다.

무엇보다 육아 휴가 제도가 있는지도 모르는 남자들도 많고, 육아 휴가를 받는 것은 직장에 폐를 끼친다고 생각해 포기하는 일본 사회의 현재 상황에 대해, 우선 양육은 성에 관계없이 부모의 책임이자 권리라는 인식을 재확인할 필요가 있다. 여성이든 남성이든 가족에서 역할을 담당하고 가정생활을 누리는 것은 인간으로서 당연한 권리이자 책임이다. 가정(가족)에 대한 책임과 권리가 남녀 노동자 쌍방에게 있다는 것은, ILO(국제노동기구) 조약 제156조 '가족 책임을 지닌 남녀 노동자의 권리'에 명기되어 있다. 따라서 이러한 책임과 권리에 대한 인식을 좀 더 널리 알리고, 그것을 보장하는 구체적인 방책의 실시가 필요하다.

남성도 보통 육아 휴가를 받는 스웨덴에서는 육아 휴가는 가정에서 자신의 역할을 하는 당연한 권리이자 모두가 교대로 담당하는 것이라고 생각한다. 이런 모습에서 직업과 가정의 역할을 같은 비중으로 존중하는 자세를 엿볼 수 있다. 동시에 아빠가 육아 휴가를 얻는 것이 직장에서 오히려 유리하게 해주는 제도적인 뒷받침도 있어 남성의 육아 권리가 보장되는 것이다.

2. 워크·라이프·밸런스의 확립이 시급하다

'가정에 우호적인' 기업의 실상

1999년 6월 일본은 '남녀공동참여사회男女共同參與社會' 법을 국가의 기본 정책으로 채택하였다. 이 법에는 모든 영역에서 남녀의 공동 참여가 명문화되어 있다. 그러나 이 법률이 성립된 지 9년이 되었지만 남녀 공동 참여는 아직 실현되지 않고 있다.

확실히 여성의 취업은 증가하고 직장은 예전처럼 남성 일색은 아니다. 그러나 현재도 의회와 관청, 일반 기업, 대학 연구기관 등에서 관리 직위에 있는 여성의 수는 선진국 가운데서 최저 수준이다. 정규 고용자의 남녀 간 임금 격차도 30퍼센트를 상회하는데(2003년), 선진국 가운데서는 40퍼센트(2002년)인 한국에 이어 2번째로 크다 (내각부 남녀공동참여국 《남녀공동참여사회의 실현을 목표로》 2007년). 남편 혼자 일하는 세대는 감소하고 부인이 직업을 가진 세대가 많아졌지만, 이제까지 살펴본 것처럼 가사와 육아는 여전히 여성의 몫이다. 남편과 부인 간의 돌봄도 불균형하다. '모든 영역에서' 남녀 공동 참여가 이루어지고 있지만, 가사·육아는 남녀 공동 참여가 가장 진행되지 않은 영역이다.

가사·육아의 공동 참여를 실현하기 위해서는 우선 장시간 일해야 하는 일본 남성의 현상황이 바뀌어야 한다. 장시간 노동이 사회활동과 가사·육아에서 남성을 멀어지게 하는 큰 요인이기 때문이다. 생활을 중시하지 않고 경제를 우선하는 기업의 체질, 혹은 '남자는 뭐니뭐니 해도 일'이라는 사회 풍조와 왜곡된 젠더 규범 등이 남성의 장시간 노동의 배경이다.

최근에는 '가정에 우호적인 기업'이 좋은 평가를 받는다. '가정에 우호적인'의 내용을 살펴보면, 충실한 육아 휴가제도, 기업 내 어린이집의 설치, 어린이집에 보내고 데려오는 시간을 인정하는 것 등이다. 기업의 이런 정책은 일과 육아의 양립을 위해 고마운 일이다.

그러나 이러한 제도와 시설은 자녀를 가진 여성을 염두에 둔 경우가 대부분이다. 여성이 일하기 좋은 직장이라고 말할 수 있지만, 이것은 여성이 가사·육아를 하는 것을 전제로 한다.

즉 여성이 가사·육아를 도맡아 하면서 기업에서 일을 하는 조건을 만드는 것이다. 이것은 가사·육아를 소홀히 하지 않는 선에서 부인의 취업을 인정하는 남편이나 우리 사회와 똑같은 자세이다. 실제로 이 제도의 이용자는 거의 여성이다. 정확하게 말하면 '가정에 우호적'이라기보다 여성의 노동력을 확보·활용하는 기업 본위의 전략이라고 말할 수 있다. 결국 '육아는 여성'이라는 성별 분업을 그대로 유지하는 것이다.

이것이 '가정에 우호적'이라고 말할 수 있을까. '일은 남성' '여성은 일도, 가사·육아도'라는 인식이 묵인되고 여성의 부담은 그대로이다. 남편과 부인 간의 불공평성도, 아빠 부재가 엄마와 자녀에게 초래하는 문제도 그대로 유지된다. 이미 지적했듯이 남녀 모두 가정에서 역할을 담당하며 가정생활을 누리는 것은 인간의 당연한 권리이자 책임이다. 이 권리가 '가정에 우호적인' 기업에서도 거의 보장되지 않는 것이다.

가족관의 변화로 보는 남녀 차

남성과 여성의 성격과 특징을 조사한 연구에 따르면, '남성적'으로 여겨지던 적극적 활동적·리더십 발휘, 결단력 등은 남성과 여성 간 차이가 거의 없다. 상냥함, 솔직, 겸손 등 '여성적'으로 여기는 특징도 남녀 간 거의 차이가 없다(이이노 하루미飯野晴美, 〈'남성다움', '여성다움'의 자기인지와 성역할〉《메이지학원논총》 600호.). 예전처럼 남성과 여성이 대조적인 성격상의 특징을 보이지 않는 것이다. 그렇지만 가족관과 구체적인 행동에서는 여성의 변화가 보다 두드러진다. 가정에서 사회로 나와 일을 하는 등 여성의 생활은 변했다. 그러자 과거 여성에게 바람직스러운 것이라고 여겼던 상냥함과 순종이 사회 활동에는 통용되지 않고, 적극성과 주체적인 판단력 등이 요구되었다. 또 사회 활동을 하는 과정에서 적극성과 판단력 등이 길러졌다. 그러한 결과 지금 서술한 것처럼 남녀 차이가 줄어들었다.

이상적인 결혼에 대한 중년 남녀의 생각을 비교하면, '서로 사랑하는' 것을 첫째로 생각한다는 점에서 일치한다. 하지만 여성이 이것 다음으로 중요하게 생각하는 것은 '아내의 삶의 방식의 존중'인데 반해, 남성은 '부인의 헌신·남편으로서 보람'이다(카시와기 게이코, 히라야마 준코平山順子 〈결혼의 '현실'과 부부 관계 만족도의 관련성〉《심리학연구》 74권 2호). 즉 여성은 결혼생활에서 '개인'으로 존중받는 것을 중시하는 데 반해, 남성은 성별 분업과 부창부수, 즉 전통적인 부부

관계가 이상이라고 생각하는 것이다. 서로 사랑해서 결혼한 남편과 부인이 생활에서 원하는 것은 이처럼 다르다.

남성과 여성의 워크 · 라이프 · 밸런스

이처럼 여성의 변화와 비교해 남성의 변화가 느린 것은, 남성은 돈을 버는 사람으로서 현실과 직업 생활에 구속되는 점에 있다. 하고 싶어도 문화 활동과 봉사를 할 시간이 없다. 그런 점에서 여성, 특히 자녀를 다 키웠지만 일을 하지 않는 여성은 시간과 에너지의 여유가 있다. 자녀를 양육할 때에는 육아 때문에 가정에 구속되었지만, 아이들이 크고 나면 사회로 나와 (여유로운 시간과 심신의 에너지로) 누구의 부인도 누구의 엄마도 아닌 한 개인으로서 활동한다. 그 활발하고 생기 있는 모습을 보면 이제야 '개인'으로서 생활한다고 말할 수 있을 정도이다.

그러나 이것은 남편의 경제 활동, 곧 노동으로 생계가 보장되기 때문에 가능한 것이다. 생계 때문에 장시간 일에 구속되어 있던 남성들이 퇴직 후 취미 생활을 즐기고 싶다고 하는 것은 이런 이유에서 납득이 간다. 이처럼 여성은 결혼 생활 전반에는 가정, 후반에는 사회로 생활의 축을 교체하는 데 비해, 남성은 줄곧 직업에 구속되어 퇴직 후에나 직업 이외의 활동을 할 수 있는 상황이다.

이것은 워크·라이프·밸런스란 측면에서 보면 결코 만족할 수 있는 상황은 아니다. 남성도 여성도 인생의 모든 시기에 삶에 관계하는 것과 일에 관계하는 것의 균형이 필요하다. 이것이 인간의 정신 건강을 위해 매우 중요하다는 것은 이미 지적했다.

남성과 여성의 노동(일)의 실태

생활시간에 관해 조사한 국제 데이터를 보면, 일본에서는 아직도 남녀가 공동으로 집안을 꾸려가지 않는 것이 분명하다. 예전에는 노동이라고 하면 보상을 받는 직업만을 의미했다. 그러나 최근에는 인간 생존을 위해 필수적인 가사·육아 등 무상 노동도 노동으로 인지된다. 각 나라의 남성과 여성이 이 두 종류의 노동에 어느 정도 시간을 투자하고 있는지 보여주는 것이 그림 5-2이다.

이 그림을 보면 여러 가지가 생각난다. 우선 일본의 남성과 여성을 비교해보면, 이제까지 보았던 것처럼 남성은 일에 대부분의 시간을 소비하고 가사에 들이는 시간은 극히 적고, 여성은 일과 가사 양쪽에 거의 같은 시간을 투자하는 것을 확인할 수 있다. 다른 선진국과 비교해보면 남성이 이 정도로 일 중심으로 생활하며 가사를 하지 않는 사회는 드물다.

일본의 남자들은 일이 바빠서 가사·육아를 할 수 없다고 말한다. 그러나 데이터를 보면, 다른 나라 남자들도 직업이 있지만 일본의 남자보다 훨씬 가사일을 많이 한다. 총 노동시간에서 남성의 가사 시간이 차지하는 비율을 보아도, 다른 나라에서는 40퍼센트에 가깝지만 일본 남성은 12.5퍼센트에 지나지 않는다.

일본의 남성은 가사·육아를 할 시간이 없다기보

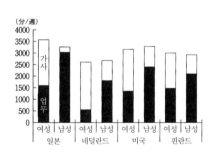

그림 5-2 가사와 일 소요 시간의 남녀 차 국제비교

출처 : 타나카시게 히토田中重人 〈생활시간의 남녀 차의 국제비교〉 《오사카대학 인간과학연구과 연보》 22호, 2001년

다 가사와 육아를 위해 시간을 낸다는 의식이 없는 것은 아닌지 의심이 든다. 예를 들면, 다음과 같은 연구 결과가 있다. 남성에게 '일이 끝난 후 한 시간의 여유가 있다면 무엇을 할 것인가' 하고 묻자 '일을 한다'가 가장 많았고, 다음으로 '어딘가에 들른다'였는데 그중에서도 '한잔 한다'는 대답이 많았다(마키노 카츠고[牧野カツコ], 〈일하는 부친의 가정생활과 의식〉《가정교육연구소 개요》 8권, 1987년). 가사·육아는 자신의 일이라는 생각을 안 하는 남성들의 의식을 엿볼 수 있다.

과로하는 것은 누구일까

또 한 가지 그림 5-2 일본의 데이터에서 주목해야 할 것이 있다. 그것은 여성의 노동시간이 남성보다 길다는 점이다. 2003년 옥스퍼드 영어 사전에 'karoshi'가 '과로 때문에 사망하는 것—일본에서 만들어진 말'로 설명되어 있다. 다른 나라에서는 없는 현상이어서, 일본어가 그대로 영어 어휘로 사용되고 있다. 과로 때문에 죽는 현상이 다른 나라에는 없어서 부득이하게 'karoshi'를 그대로 사용한 것이다.

과로사하는 사람의 대부분은 한창 일할 때의 남성이다. 오늘날에도 장시간 맹렬한 노동을 요구받는 일본의 남성은 과로한다. 그러나 그림 5-2의 데이터는 다른 의미를 보여준다. 데이터를 잘 보면 남성보다도 여성의 노동 시간이 더 길다. 일 하면서 가사·육아도 하는 여성이 가장 오래 일하기 때문인데, 영유아가 있는 풀 타임직 여성이 그 전형이다.

풀 타임직 여성들의 노동 시간을 생각하면 과로임에 틀림없다. 하지만 과로사한 여성이 있다는 이야기는 들어보지 못했다. 풀 타임직 여성들은 시간도 일손도 여유가 없는 상황이다. 그렇지만 밖에서 일하면서 양육과 집안일을 하는 여성들은 전업주부보다 충실감과 생활만족감이 강하다는 것을 여러 번 말했다.

　이것은 앞에서 말한 복수 역할을 담당하는 것의 중요성을 보여준다. 단순히 과로한다는 것보다 하나의 일에 쫓기고 심리적으로 압박받는 것이 과로사에 이르게 하는 것이다. 일과 가사·육아라는 이질적인 역할을 동시에 맡는 효용을 여기에서 확인할 수 있다.

　미래의 전망도 없이 최악의 경우 과로사, 과로 자살에 이르는 남성·아빠의 모습은 자녀의 모델이 될 수 없다. 최근 정규직에 취직하지 못하고 아르바이트를 계속하거나 취직해도 곧 그만두는 젊은이가 늘어나고 있다. 이러한 모습에 대해 근로 태도에 문제 있다고 말하는 목소리도 있다. 그러나 그 배경에는 실제로 기업이 정규 고용을 대폭 줄였기 때문에 취직이 어렵고, 그 결과 정규직 젊은 신입사원이 과중하게 일해야 하는 사정이 있다. 그러나 한편으로는 부모 세대 혹은 남성들이 과로사에 이르는 현재의 노동방식에 '항의'하여 자신은 그렇게 살고 싶지 않다는 모습도 보인다.

'하나의 일만 하는 것'은 심리적 건강을 해친다

복수 역할과 심리적 건강이 상관관계를 지니고 있다는 것을 염두에 두고 일본의 현 상태를 보면, 하나의 일만 하는 남성의 심리적 건강이 안 좋은 것이 이상한 일은 아니다. 오늘날에도 자녀가 태어나면 많은 가정에서 남편은 일하고 부인은 가사·육아를 하는 성별 분업이 이루어진다. 그리고 남편은 일에 쫓겨 집에 있는 시간이 짧아 가사와 육아에 참여할 수 없는 것이 현실이다. 제도상으로는 남성도 육아 휴가를 갖는 것이 가능하지만, 실제로 육아 휴가를 얻는 남성의 비율은 국가공무원 1.1퍼센트, 민간에서는 0.57퍼센트(2007년 현재)에 불과하다(후생노동성 〈2006년(헤이세이 18년) 여성 고용 기본 조사 결과 개요〉 2007년). 그러나 장시간 노동에도 불구하고 일본의 직장에서 노동 효율은 낮다.

인간은 정신적 긴장을 동반하는 활동을 오래 지속할 수 없다. 이것은 심리학에서 일찍부터 검증된 사실이다. 오랜 시간 하나의 일에만 집중하면 투자한 시간에 비해 능률이 올라가지 않을 뿐 아니라, 매너리즘에 빠지거나 실수가 많아지는 등 일의 질이 저하된다. 노동시간이 길지만 노동 효율이 낮은 것은 그 때문이다. 인명 사고가 날 수 있는 작업장에서 시간 관리가 철저히 이루어지고 심신의 건강관리를 의무화하는 것은 그 때문이다. 사무·관리 일은 과로가 인명 사고로 연결되지 않아 근무시간이 정해져 있어도 야근이 묵인되고 오래 회사에서 일하는 사람일수록 일에 열심인 것으로 평가받는 풍조가 있다. 그러나 이것은 인간의 정신력의 특질을 무시한 일하는 방식·일을 시키는 방식이다.

과로사는 이 연장 선상에 있다. 과로사가 일에만 집중하고 있는 남성에게만 일어난다는 사실은 하나의 일만 과중하게 하는 것의 불건전성을 단적으로 보여준다.

계속되는 남성의 과로

기업이 노동 시간과 노동 효율의 관계에 대하여 모르기 때문은 아닐 것이다. 그래도 기업은 생산성이 제일이고, 노동자도 성과를 내기 위해 일을 많이 해야 한다. 남성이 일과 돈벌이에서 유능한 것을 사명과 긍지로 여기는 심리도 근저에 있는 것은 아닐까.

최근 맞벌이 가족에 대한 연구는 맞벌이 남편에 초점을 맞추고 있다. 이 연구에 따르면, 남편의 스트레스는 부인의 취업으로 자신의 가사·육아 부담이 증가했기 때문이 아니다(일본에서는 아내가 직업이 있어도 남편의 가사량은 증가하지 않으므로 당연한 일인지도 모른다). 그보다는 자신의 수입이 가계의 60퍼센트를 넘지 않는 경우 남편의 스트레스가 높아진다는 결과가 나왔다. 즉 아내의 수입이 자신의 수입보다 높은 것은 남편에게는 바람직하지 않고 위협이라고 느껴 스트레스가 커진다는 것이다. 부인이 일을 해도 한 집안의 가장은 자신이라는 마음—남성의 가장 역할 의식을 여기에서 엿볼 수 있다.

잡지 《페미^{femme}·폴리티크》(55호, 2007년)는 〈왜 남자의 과로는 멈추지 않는가?〉라는 주제로 편집장인 타나카 키미코^{田中喜美子}와 경제산업성 관료인 야마다 마사토^{山田正人}가 나눈 대담이 실려 있다. 남성이 과로하는 심리의 일단을 전하는 이 대담은 흥미롭다.

야마다는 '인간은 자신을 인정해주는 곳에 있고 싶다' '직장에서는 일로 평가받는다' '남자는 일하는 것을 좋아한다'고 말한다. '남자는 일' 그 자체라고 토로한다. 타나카가 '집에 있는 것보다 직장에 있는 것이 즐거운가'라고 묻자, '매우 즐겁다' '매우 성취감이 있다', 그 때문에 '그곳으로 도망치고 싶은 것은 아닐까, 하여튼 즐겁다'고 대답한다. '가정 책임을 방기해버리고마는 집단(남성)이기 때문에 그러한 특권을 허락받는 것'이라고도 말한다.

하지만 결혼하여 자녀를 둔 여성은 일을 해서 돈을 벌어 온다고 이렇게 대답하지는 않는다. 왜냐하면 맹렬히 일을 하여 성취감을 얻어 즐겁다고 하는 남자들의 말 속에는 가족들을 혼자서 돌보는 부인이 있어 가능하기 때문이다.

그러나 요즘에는 '남자는 일·여자는 가정'이라는 젠더관을 지지하는 젊은 남자들은 적다. 고용의 불안정성, 수입의 저하 등이 남자 혼자서 돈을 벌어오는 이제까지의 체제를 바꾸고 있다. 그래도 기업에 들어가면 '남성은 일' '남자가 돈벌이'라는 의식을 바꾸는 것은 힘든 것이 현재 상황이다.

이것은 남성만의 책임은 아니다. 여성이 일하는 것이 당연한 오늘날에도 결혼할 상대를 고를 때 상대의 수입에 집착하고, '3고 三高(고수입·고학력·고신장_옮긴이)'를 이상적인 남편감으로 생각하는 풍조가 여전한 여성의 태도도 남성을 돈벌이 역할에 붙들어두는 하나의 요인이다. 여성이 여전히 '엄마 손으로'라는 여성=엄마라는 젠더 사고에 갇혀 있는 것처럼, 남성도 남성 젠더에 강고하게 묶여 있다.

그러나 젠더에 갇혀 있는 여성에게는 육아 불안이 생기고, 젠더에 갇힌 남성에게는 직장에서 과도한 노동이 뒤따라와 우울과 과로사를 일으킬 정도로 스트레스를 주고 있음을 깨달아야 한다. 한쪽으로 치우친 생활로 인해 마음의 건강이 무너지는 것을 직시해야 하고, 마음의 건강을 유지하기 위해서 워크·라이프·밸런스는 매우 중요하다.

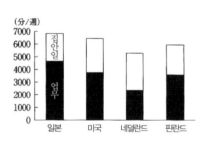

그림 5-3. 2종류의 노동시간에 대한 국제 비교(남녀 포함)

출처 : 야마다 마사토山田昌弘 〈남녀 간 생활시간에 대한 국제 비교〉 《오사카 대학 인간과학연구과 연보》 22호, 2001년

생활을 중요시하는가, 수입을 중요시하는가

앞에서 살펴보았던 생활시간 조사 결과(그림 5-2)를 총 노동시간을 기준으로 비교해보면 흥미로운 것을 발견할 수 있다.(그림 5-3)

직업 노동시간과 가정 노동시간을 비교하면 대부분의 국가에서 직업 노동시간이 길고, 가정 노동시간은 그것보다 짧았다. 직업 노동시간이 길어 가사 노동시간이 줄어든 것으로 볼 수 있다. 혹은 가사를 가능한 단축하고 그만큼 수입을 얻는 직업 근로에 시간을 투자하는 것이라고 볼 수 있다. 어느 쪽이냐는 국가에 따라 사정이 다를 것이다.

그러나 직업 노동시간보다 가사 노동시간이 긴 나라가 있다. 바로 네덜란드이다. 가전제품이 가정마다 보급된 현재 가사노동은 시간을 단축하거나 힘을 더는 것이 가능하다. 네덜란드는 유수의 공업국으로 일본처럼 가전제품이 널리 보급되어 있다. 따라서 네덜란드의 가사 노동시간이 긴 것은 가사에 대한 사고방식이 우리와 다르다는 것을 보여준다. 즉 가사는 단순히 끝내버리는 일이 아니라 시간과 정성을 들여 해내는 것이라는, 생활을 중요시하는 의식을 엿볼 수 있다. 보상을 받고 일하는 것보다 보상받지 않는 가사 노동을 더 중요하게 여기는 것이다.

그래서인지 네덜란드의 고용 정책이 최근 주목받고 있다. 파트타임과 워크 쉐어링이 많으며, 워크 셰어링을 활용하거나 파트 타임으로 일하는 것이 일본처럼 여성에 한정되지도 않는다. 맞벌이 부부의 경우 둘이서 수입을 2배로 하는 것이 목표가 아니라, 둘이서 1.5배의 수입을 얻는 것이 좋다고 생각한다. 일에 모든 것을 바치기보다 가족과 보내는 시간을 더 갖기 위해서이다. 경제를 첫째로 생각하는 것보다 생활을 맛보고 즐기는 것을 중요하게 여기는 의식이 엿보인다.

일본에서는 여성이 파트 타임 일을 하는 이유가 가사·육아 때문인 경우가 많다. 그러나 네덜란드에서는 파트 타임 일을 하는 이유가 '육아·가사의 책임 때문에'라는 답은 15퍼센트에 지나지 않는다(Francesca Bettio and Janneke Plantenga, 'Comparing Care Regimes in Europe', Feminist Economics, Vol. 10, No. 1. March 2004. 시나 토모미品田知美《가사와 가족의 일상생활》, 学文社, 2007년). 즉 파트 타임으로 일하는 것은 워크·라이프·밸런스를 확보하기 위해서이다. 이것이 정착할 수 있는 배경에는, 일하는 방식을 고용되는 사람이 선택할 수 있는 자유와 그것이 불리하지 않는 사회구조이기 때문이다.

일본의 현 상태는 이와 대조적이다. 유상 노동과 기업의 생산성, 경제 활동이 무엇보다 우선이고, 인간이 살아가는 데 가장 중요한 노동과 생활은 점점 줄어든다. 그 결과 워크·라이프·밸런스는 아주 먼 나라 이야기가 되어버렸다.

워크·라이프·밸런스를 어떻게 확립할 것인가

워크·라이프·밸런스의 의미를 지금 한번 재확인할 필요가 있다. 라이프는 가사·육아 등 가정 일을 하는 것이 아니다. 가사는 살아가기 위해 꼭 필요한 노동이고 워크이다. 라이프는 공부, 교양, 취미, 스포츠 등 심신의 성장과 발달을 위한 개인의 활동이다. 그런데 이러한 활동은 경제와 가사·육아 등 삶의 기반의 안정, 즉 워크의 기반이 있어야 가능한 활동이다. 의무로 하는 것이 아니고 공평하고 부담이 안 되면 가사와 육아 역시 라이프로서 즐거운 일일 수 있다. 그러나 조건이 갖추어지지 않았다. 남성은 직업인 워크를, 여성은 가사·육아 혹은 그것에 더해 직업이라는 워크를 과중하게 짊어져, 남녀 모두 라이프를 향수할 시간도 심리적 여유도 없는 것이 현 상황이다.

일본의 과제는 우선 워크에 관련된 2개의 문제를 해결하는 것이다. 즉 가사 워크의 젠더-언밸런스의 해소와 노동 시간의 단축이다. 그것의 해결 없이 라이프를 생각하는 것은 곤란하고, 워크와 라이프의 밸런스는 기대할 수 없다.

최근 매출과 이윤을 중심으로 부서와 개인을 평가하던 예전의 방식에서 벗어나 어느 정도 회사에 공헌했는지, 인재를 육성했는지 등 수치상으로는 잘 드러나지 않는 면, 즉 노력과 사명감 등으로 업무 평가를 시작한 대기업이 있다. 이윤이 우선시되는 기업 사회에서 이러한 것은 새로운 가치를 추구하기 시작하는 움직임이라고 말할 수 있다.

또 일과 가정에 비슷하게 시간과 에너지를 투입하는 남성들이 나타나고 있다. 결혼과 부인의 일, 출산 등의 사정으로 남성이 전직^{轉職}하거나 이사하는 사례도 보고되고 있다. 예전에는 결혼과 자녀의 출생으로 퇴직과 전직을 하는 것은 여성뿐이었는데, 남성 가운데 이 변화는 아직 소수이지만 앞으로의 동향에 주목하고 싶다.

아이도 어른도 함께 성장하는 사회로

이제까지 살펴보았던 것처럼 아이가 성장하기 위해서는 부모도 발달하고 성장을 계속해나가야 한다. 이 전제가 없이는 오히려 부모가 자녀의 성장을 저해하게 된다. 그러니 이제는 자녀와 부모가 함께 성장하는 사회를 지향해야 한다.

지금 사회에서는 저출산이 지속되고 있으며, 자녀를 갖지 않는 커플이 많아 육아 체험·자녀와 교류하는 체험을 하는 사람들이 갈수록 적어지고 있다. 이러한 변화가 자신보다 약한 사람, 자신과는 이질적인 타자에 대한 관용과 따뜻한 배려의 마음을 키우기 어려운 사회를 만들지는 않을지 걱정스럽다. 자녀를 양육하기 쉬운 사회 환경을 만드는 것은, 자녀가 스스로 성장하게끔 할 뿐만 아니라 어른 (부모)의 발달에도 매우 중요한 요소이다. 특히 여전히 일에 치우친 남성들에게 육아할 수 있는 권리의 보장은 중요하다.

아이와 부모 모두에게 자극을 주고 스스로의 발달을 촉진하여 사회를 풍성하게 만드는 관계, 그러한 관점이 요구된다.

글을 마치며

아이는 부모와 함께 성장한다

《아이는 부모와 함께 성장한다》라는 제목을 보고 '부모가 자녀를 어떻게 기르면 좋을까, 어떻게 길러야 하는가'를 이야기할 것이라고 생각할지도 모르겠다. 그러나 이 책의 의도는 조금 다르다. 이 책은 필자가 전공한 발달심리학과 가족심리학의 연구에 기초하여 '자녀가 성장하는 조건'뿐만 아니라, '어른이 성장하는 조건'에 대해서도 꽤 많은 지면을 할애하여 다룬다. 그것은 다음과 같은 사정 때문이다.

보통 사람들은 발달이라고 말하면 자녀에게 한정된 것이라고 생각한다. 심리학 분야에서도 자녀의 놀라운 성장·발달은 일찍부터 주목되어왔다. 그것에 관한 많은 연구가 축적되었고, 영유아심리학과 아동심리학, 청년심리학으로 세분화 되었다.

하지만 최근 들어 연구자들의 관심에 변화가 생겼다. 즉 어른이 된 후에도 사람의 마음과 행동은 다양한 체험을 통해 성장·발달하고, 나아가 그러한 성장이 사람을 활성화시켜 충실감과 행복감을 가져온다는 것이 밝혀진 것이다. 발달은 자녀뿐 아니라 부모의 문제이기도 하다는 인식이 생기고, 탄생부터 죽음에 이르기까지 전 생애를 대상으로 하는 발달심리학이 등장했다. 이 책의 의도도 여기에 있다.

이제까지 부모는 '자녀의 발달에 영향을 주는 사람'이라는 측면만 강조되어왔다. 그 때문에 자녀의 발달 연구에 있어서도 '부모와 가정이 자녀의 발달에 어떻게 영향을 주는가'만 논의되었다.

그러나 이러한 논의에는 어른도 성장·발달한다는 '부모의 성장·발달'에 대한 관점이 결여되었다. 동시에 자녀는 길러지는 것이라는 입장 때문에, 자녀가 어렸을 때부터 적극적으로 바깥 세계를 탐색하고 새로운 지혜와 행동을 습득하는 힘을 지니고 있는 것을 간과했다.

물론 육아는 자녀를 위해 이루어지는 것으로 그것이 자녀의 발달에 영향을 주는 것은 확실하다. 그러나 부모와 자녀는 단순히 '기르는 사람(부모)', '길러지는 사람(자녀)'이라는 관계에 그치지 않는다. 자녀를 기르는(부모 노릇을 하는) 가운데 기르는 사람, 즉 부모의 마음과 능력도 단련되고 성장한다. 바로 부모 자신의 성장과 발달이다. 가족심리학은 이 점을 중시하고, 자녀에게 영향을 주는 존재로서 뿐만이 아니라 '어른의 성장과 발달'이라는 관점을 더해 통합적으로 부모와 가정을 본다는 특징이 있다.

필자도 '자녀의 발달에 엄마의 가르침과 태도 혹은 가정이 어떠한 영향을 주는가'에 대해 연구해 왔다(토요東洋, 카시와기 게이코, R · D · 에스《엄마의 태도·행동과 자녀의 지적 발달》도쿄대학출판회, 1982년). 그러한 연구 과정에서 깨달은 것은 엄마 자신의 심리와 발달은 불문에 부쳐지고, 엄마는 자녀에 대한 영향을 주는 사람으로서만 취급되어 왔다는 것이다. 예를 들면, 일본과 미국에서는 자녀에 대한 엄마들의 태도에 커다란 차이가 보인다. 미국과 비교하여 일본에서는 엄마와 자녀가 강한 일체감을 보이는데, 그것은 자녀에게 따뜻하게 늘 같이 있는 것이 바람직스러운 엄마의 태도로 간주되는 모습을 보여준다. 그러나 정작 엄마들은 그에 만족하고 있는 것인지 그러한 생활에 충실감과 만족감을 얻는지에 대한 의문이 생겼다.

그럼에도 엄마의 발달이 본격적인 연구 테마로 다루어진 적은 거의 없었다. 부모 자신이 행복하고 심리적으로 안정되어 있지 않다면, 자녀를 안정된 마음으로 대할 수 없고 적절한 육아도 할 수 없다. 그러한 생각에서 나는 엄마를 한 사람의 어른으로서, 발달하는 주체로 파악하고 엄마의 심리에 초점을 맞추는 연구를 했다.

그렇다면 아빠 쪽은 어떠할까. 이제까지 부모에 대한 광대한 연구가 이루어졌지만 아빠에 대해서는 거의 다루어지지 않았다. 특히 일본에서는 자녀의 양육은 거의 엄마가 하고, 그 때문에 자녀의 발달에 대한 영향이라는 관점에서 엄마만 연구 대상이 된 것은 당연하다. 그러나 거기에는 자녀의 양육은 엄마 쪽이 좋다(환언하면 아빠는 육아에 그 정도 중요한 존재는 아니다)는 암묵적인 생각이 연구자에게도 작동하고 있던 것은 아닐까 하는 의문이 들었다. 거기에서 아빠가 있으면서도 육아에 참가하지 않는 것, 아빠의 육아 불참이 무엇을 초래하는지, 더 나아가 부모가 되었지만 '부모 노릇을 하지 않는' 남성들의 발달은 어떠한가 등 이제까지의 가족·부모 연구에서는 간과되었던 문제에 대해서 이 책에서 다루게 되었다.

이처럼 욕심 많은 내용을 담은 이 책의 완성에는 이와나미 출판사의 타나카 히로유키 씨에게 큰 도움을 받았다. 책의 구성에 대한 소중한 의견을 주었으며, 원고를 신중히 읽고 의견을 개진하는 등 내내 든든한 동반자였다. 히로유키 씨의 의견은 일반 독자로서의 입장과 자녀를 키우며 일을 하는 부모로서의 입장을 모두 담은 구체적이고 설득력이 있는 것이어서 매우 유익하였다. 다시 한 번 깊은 감사의 마음을 전한다.

자료 수집과 도표 작성은 분쿄학원대학의 타야 유키에 씨의 도움을 받았다. 시라유리여자대학의 오노 사치코 씨는 최초의 원고를 정독하고 귀중한 의견을 주어 원고 수정에 도움을 주었으며, 최종 원고 작업의 스탭으로도 참여해주었다. 이 두 사람의 도움에 대하여 깊은 감사의 말을 전한다.

2008년 6월

카시와기 게이코

가족심리학으로 찾아보는 자녀교육의 열쇠
아이는 부모와 함께 성장한다

초판 제1쇄 발행 2019년 9월 5일

지은이 카시와기 게이코柏木惠子

옮긴이 한진여

펴낸이 김현주

편집장 한예솔
교 정 김희수
마케팅 한희덕
디자인 노병권
펴낸곳 섬앤섬

출판신고 2008년 12월 1일 제396-2008-000090호
주   소 경기도 고양시 일산동구 백석로 119. 210-1003호
주문전화 070-7763-7200 **팩스** 031-907-9420
전자우편 somensum@naver.com
인   쇄 우진테크(주)

ISBN 978-89-97454-33-4 03370

- 이 책의 출판권은 섬앤섬 출판사가 소유합니다. 저작권법에 따라 보호를 받는 저작물이므로 무단 전재와 복제를 금합니다.
- 이 도서의 국립중앙도서관 출판예정도서목록(CIP)은 서지정보유통지원시스템 홈페이지(http://seoji.nl.go.kr)와 국가자료종합목록 구축시스템(http://kolis-net.nl.go.kr)에서 이용하실 수 있습니다. (CIP제어번호 : CIP2019030387)